용기를 내어 당신이 생각하는 대로 살아야 합니다.
그렇지 않으면 머지않아 당신은 사는 대로 생각하게 될 것입니다.
— **폴 부르제** 프랑스의 시인 철학자

Il faut vivre comme on pense,
sans quoi l'on finira par penser comme on a vècu.
— Paul Bourget

DVD 동영상 강의로 쉽게 배우는 친절한

대바늘 손뜨개 입문 DIY

니뜨 지음 · 유화숙 감수

터닝
포인트

DVD 동영상 강의로 쉽게 배우는
친절한 대바늘 손뜨개 입문 DIY

2013년 10월 1일 초판 1쇄 발행
2015년 11월 20일 초판 3쇄 발행

지은이　　　　　　　니뜨(김희진, 도희선, 유진희)
펴낸이　　　　　　　정상석
펴낸 곳　　　　　　　터닝포인트
등록번호　　　　　　2005. 2. 17 제6-738호
주소　　　　　　　　(03993) 서울시 마포구 동교로27길 53 지남빌딩 308호
대표전화　　　　　　(02)332-7646
팩스　　　　　　　　(02)3142-7646
홈페이지　　　　　　www.diytp.com
ISBN　　　　　　　　978-89-94158-45-7 [18630]
정가　　　　　　　　17,800원
기획 · 편집　　　　　차슬아
편집 디자인　　　　　design86
표지 디자인　　　　　이지선
작품 사진 촬영　　　　이성우(G1-studio)
과정 사진 촬영　　　　이진수
스타일링　　　　　　진은영
작품 모델　　　　　　김은정
동영상 촬영 및 편집　어린이tv
협력 스태프　　　　　신진우, 강태영, 윤민선
재료 협찬　　　　　　니뜨(www.knitt.co.kr)
내용 문의　　　　　　www.diytp.com
제품 구매 문의　　　　www.knitt.co.kr
원고 집필 문의　　　　diamat@naver.com(터닝포인트는 삶에 긍정적 변화를 가져오는 좋은 원고를 환영합니다.)

머리말

처음 그 느낌…. 뜨개바늘과 털실을 손에 잡았던 그 순간을 잊을 수가 없습니다.
털실에서 느껴지는 따뜻함은 어느새 마음을 평안하게 했습니다. 가느다란 실이 내 손으로 엮어져
누군가의 몸을 따뜻하게 감싸 주는 멋진 선물로 변신한다는 것에 기쁨이 컸지요. 그 두근거림은 지
금도 마찬가지입니다. 완성된 작품을 떠올리거나, 누군가에게 따뜻함을 선물했을 때 그 사람이 좋
아하는 모습을 상상하면 행복한 성취감을 느낍니다.

손뜨개 디자인을 하고 많은 작품을 만들면서 자연스럽게 손뜨개 전문 인터넷 홈페이지 '니뜨'를 운
영하게 되었습니다. 홈페이지를 운영하면서 초보자들과 손뜨개 이야기를 많이 나눴습니다. 그런데
손뜨개를 처음 시작하는 분들이 생각보다 뜨개질을 어려워하시더군요. 누구나 처음은 어렵습니다.
저의 시작도 마찬가지였기에 초보자들이 느끼는 막연함과 두려움을 누구보다 잘 압니다.
특히 처음부터 작품을 만들어야겠다는 생각은 초보자의 도전을 더 어렵게 만드는 것 같습니다. 이
책을 세상에 내놓는 이유입니다. 이 책은 쉽고 단순한 디자인을 바탕으로 즐겁게 손뜨개를 경험할
수 있도록 구성되었습니다. 조금만 따라 하다 보면 '나도 할 수 있겠다.'라는 마음이 들 수 있을 것입
니다. 그렇게 친절하고 자세한 기초 기법들을 익히고 따라 하다 보면 한눈에 봐도 뜨고 싶은 예쁘
고 멋있는 머플러, 장갑, 모자가 내 손안에서 만들어지는 기적을 체험할 수 있을 것입니다.

좋은 사람을 위한 선물이어도 좋습니다. 스스로의 소박한 행복을 위한 작품, 소품이어도 좋습니다.
손뜨개가 사람과 사람 사이를 연결해 주는 따뜻한 마법을 부렸으면 좋겠습니다. 그 마법이 나와 이
웃, 사회에 힐링을 선사해 줄 것이라고 믿습니다.

한 장 한 장 페이지를 넘겨 가며 예쁜 손뜨개 작품을 만들어 보세요.
자~ 따뜻함의 세계, 행복한 창조의 세계로 초대합니다.

DVD 동영상 강의 200% 활용하기

DVD 동영상 강의 사용 방법

이 책의 부록 DVD에는 대바늘 손뜨개를 누구나 쉽고, 재미있게 시작할 수 있도록 생생한 저자 직강 동영상 강의가 담겨 있습니다. 대바늘 손뜨개를 시작할 때 알아야 할 도안 보는 법, 대바늘로 작품을 만들기 위해 알아야 할 66가지 대바늘 손뜨개 기법, 4가지 대바늘 실전 작품 만들기 과정을 과외 선생님에게 일대일로 특별한 지도를 받는 것처럼 쉽고 재미있게 배울 수 있습니다.

친절한 대바늘 손뜨개 입문 DIY DVD 메인 페이지

이곳에서 원하는 메뉴를 선택해 필요한 동영상 강의를 선택하여 볼 수 있어요.

❶ 대바늘 손뜨개 이야기
대바늘 손뜨개에 대한 소개와 대바늘 손뜨개로 어떤 것들을 만들 수 있는지 알려 드려요.

❷ 도안 보는 법
대바늘 손뜨개로 작품을 만들기 위해 꼭 필요한 도안을 보는 방법에 대해 알 수 있어요.

❸ 기본 작품 만들기
대바늘 손뜨개를 처음 하는 사람이라도 누구나 따라할 수 있게 친절히 설명하고 있어요.

❹ 기법 배우기
대바늘 손뜨개 작품을 만드는 데 가장 기본이 되는 대바늘 기본 기법 66가지를 배울 수 있어요.

기본 작품 만들기

대바늘을 처음 해 보는 사람이라도 포켓 꽈배기 머플러, 배색 골지 비니, 클래식 꽈배기 넥워머, 꽈배기 라인 핸드워머를 만들 수 있게 만드는 전 과정을 친절하고 상세하게 설명하여 직접 만들어 볼 수 있어요.

기법 배우기 메인 페이지

대바늘 손뜨개를 뜰 때 가장 기본이 되는 대바늘 뜨개 기법 66가지를 4개의 장에 나누어 담아 알기 쉽고 찾기 편해요.

기법 배우기 서브 페이지

4개의 장에는 각각에 해당하는 기법들이 순서대로 보기 좋게 정리되어 있어요. 필요할 때 원하는 기법을 선택해서 자세하게 배울 수 있어요.

TV에서 부록 DVD 사용하는 방법

컴퓨터에서는 마우스를 사용하지만 TV에서는 리모컨을 사용하여 메뉴를 선택할 수 있습니다. 부록 DVD를 TV용 DVD 플레이어에 넣으면 위와 같은 창이 나타납니다. 리모컨의 방향 버튼을 누른 후 ENTER(또는 확인) 버튼을 누르면 서브 메뉴로 이동합니다.

❶ **메뉴에서 동영상 선택** ← → ↑ ↓로 원하는 영상을 선택하고 ENTER(또는 확인) 버튼을 누름

❷ **동영상을 보다가 메뉴로 이동하려면** 메뉴 버튼을 누름

❸ **서브 메뉴에서 메인 메뉴로 가려면** 서브 메뉴의 ← 버튼을 선택한 후 ENTER(또는 확인)

❹ **DVD 실행 종료** STOP 버튼 누름

DVD 사용 시 주의사항

1 PC에 DVD 플레이어가 설치되어 있지 않으면 부록으로 제공되는 DVD가 작동하지 않을 수도 있습니다. PC에서 DVD 플레이어가 정상적으로 실행되지 않을 경우에는 컴퓨터에 DVD 플레이어가 설치되어 있는지 확인합니다. 만약 DVD 플레이어가 설치되어 있지 않다면 컴퓨터 구입 시 제공되는 설치 CD나 DVD로 PC용 DVD 플레이어를 설치해 주세요.

2 TV에서 사용하는 DVD 플레이어의 기종에 따라 DVD가 정상적으로 작동하지 않을 수 있습니다.

3 DVD 플레이어 프로그램으로도 DVD를 전혀 읽지 못하거나 부록 DVD를 사용하는 데 있어 문제가 있을 경우에는 '행복한 취미생활 DIY 카페(http://cafe.naver.com/diytp)'로 문의 주시면 해결 방법을 알려 드립니다.

200% 활용하기

❷ DVD 동영상 강의

부록으로 제공되는 DVD에는 기법 배우기와 기본 작품 만들기 강의가 담겨 있습니다. 부록 DVD는 컴퓨터의 DVD 플레이어를 이용하여 볼 수도 있고, TV에 연결된 DVD 플레이어를 통해서도 볼 수 있습니다.

❸ 난이도

작품의 난이도를 별의 개수로 표시했습니다. 하나(★☆☆)에서 세 개(★★★)까지 별의 개수가 많을수록 난이도가 높습니다.

❹ 완성 크기

이 책에 소개된 도안대로 만들었을 경우의 작품 크기입니다.

❽ 도안

작품을 만들 때 필요한 작품 도안으로, 작품의 크기나 디자인을 가늠해 볼 수 있어 유용합니다.

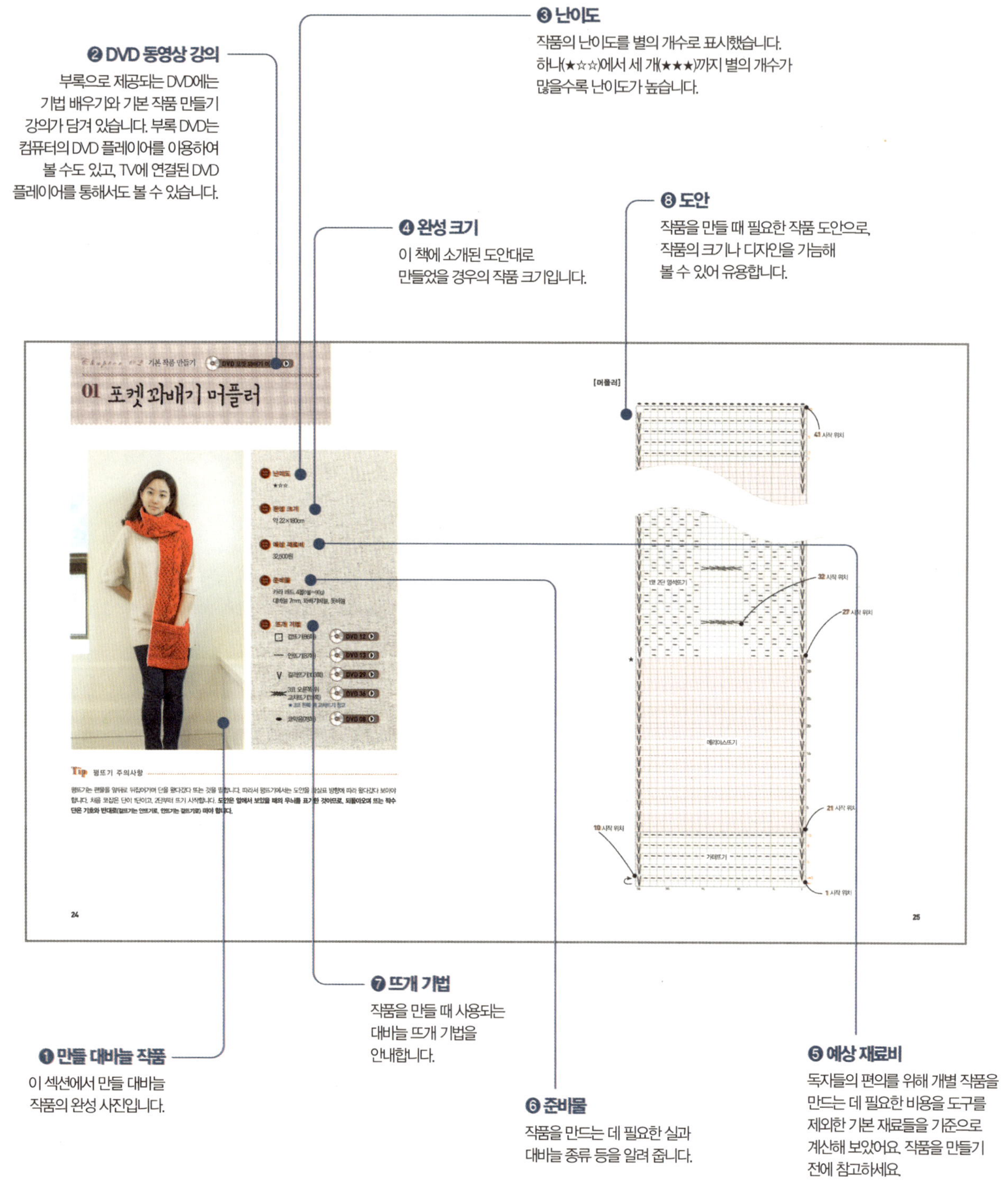

❼ 뜨개 기법

작품을 만들 때 사용되는 대바늘 뜨개 기법을 안내합니다.

❶ 만들 대바늘 작품

이 섹션에서 만들 대바늘 작품의 완성 사진입니다.

❻ 준비물

작품을 만드는 데 필요한 실과 대바늘 종류 등을 알려 줍니다.

❺ 예상 재료비

독자들의 편의를 위해 개별 작품을 만드는 데 필요한 비용을 도구를 제외한 기본 재료들을 기준으로 계산해 보았어요. 작품을 만들기 전에 참고하세요.

❾ **만드는 과정 단계**
만드는 전체 과정 중 세부 과정의 제목입니다.

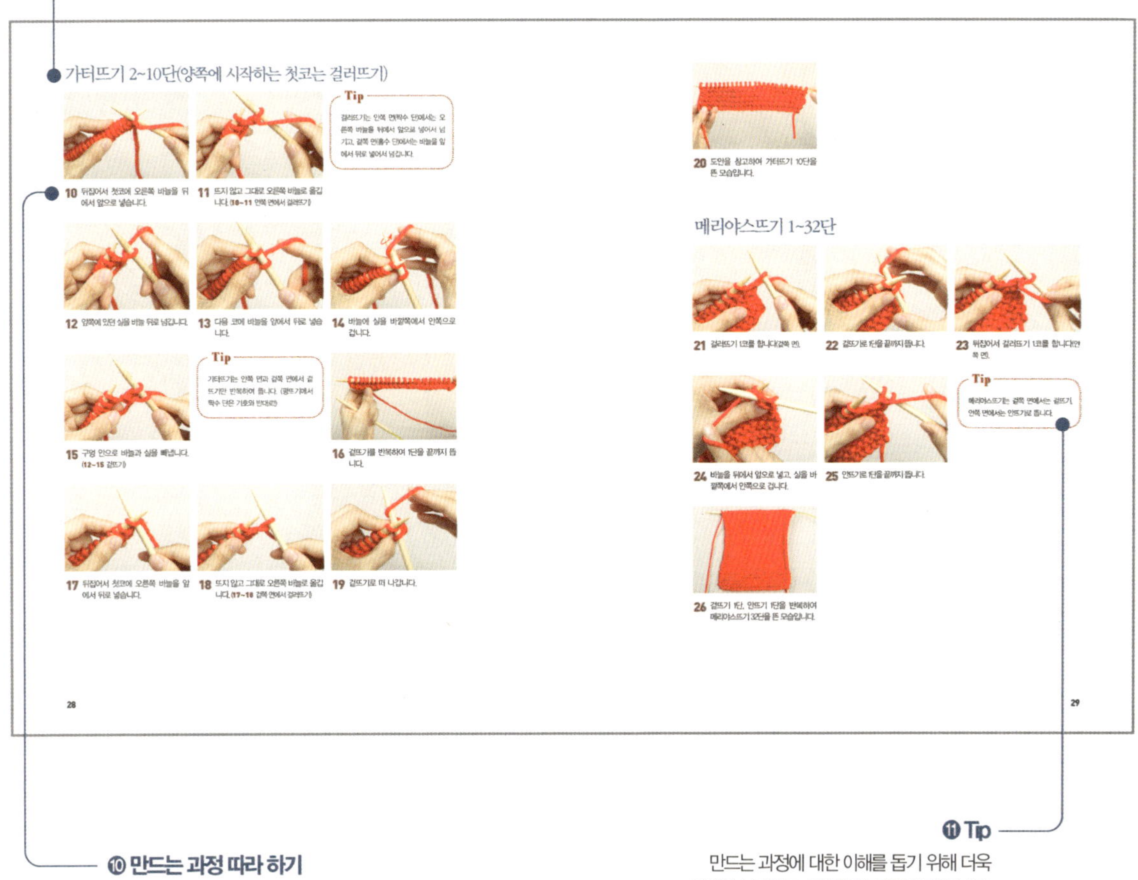

❿ **만드는 과정 따라 하기**
초보자라도 만드는 과정을 쉽게 따라 할 수 있도록 상세하고 친절하게 설명합니다.

⓫ **Tip**
만드는 과정에 대한 이해를 돕기 위해 더욱 자세히 설명하고, 주의할 점 등을 알려 줍니다.

인터넷을 통한 지속적인 서비스
이 책과 관련하여 궁금한 내용은 터닝포인트의 홈페이지(www.diytp.com)나 네이버의 행복한 취미생활 DIY(http://cafe.naver.com/diyt)로 문의 주시면 최선을 다해 답변해 드리겠습니다.

내가 만든 작품 자랑하기
터닝포인트의 "행복한 취미생활 DIY(http://cafe.naver.com/diyt)" 카페의 게시판에 책을 보고 만든 작품이나 만드는 과정에 생긴 에피소드 또는 나만의 창작품 등을 올려 주세요. 다른 독자들과 함께 정보도 공유하고 우수 회원을 뽑아 시상도 합니다.

Chapter 06 응용 및 기타 장식

Chapter 07 응용 작품 만들기

준비하기

실과 바늘

대바늘뜨기 도구

도안 보는 법

실과 바늘

실의 종류

울실

양의 털, 즉 양모섬유(앙고라, 캐시미어, 알파카, 라마 등의 섬유)로 만든 실입니다. 울실은 보온성과 흡습성이 뛰어나 겨울용 의류나 머플러, 장갑, 모자 등에 가장 많이 사용합니다.

면실

울실과는 달리 식물섬유로 만들어져 상대적으로 가볍고 보풀이 적은 실입니다. 실 자체의 탄성은 적은 편이지만 촉감이 부드럽고 통기성이 좋아 주로 유아용품에 많이 사용되는 실입니다. 최근에는 유기농으로 재배된 식물섬유를 이용한 실들이 많이 나와 있습니다.

리넨 실

일반적으로 마끈으로 알려져 있는 천연섬유인 마 소재의 실을 말하며, 질감이 다소 뻣뻣하고 거칩니다. 울실과 면실처럼 부드럽거나 보온성이 좋은 편은 아니지만 튼튼하고 모양을 잘 잡을 수 있다는 장점 덕분에 가방이나 소품 뜨기에 적합합니다. 특유의 질감 덕분에 여름용 제품에 잘 어울리는 특징이 있습니다.

아크릴 실

합성섬유인 아크릴을 주성분으로 만들어진 실입니다. 울보다 가격이 저렴하고 상대적으로 가벼운 중량과 함께 촉감이 매우 부드러워서 대중적으로 많이 알려져 있습니다. 보풀이 잘 생길 수 있는 단점을 보완하기 위해 울 혼방으로 제작되기도 합니다. 아크릴 실은 주로 인형 실이나 수세미 실 같은 소품 실에 많이 사용되며, 울과 혼방으로 만들어지는 아크릴 실은 겨울용 머플러나 의류 등에 인기가 좋습니다.

특수 소재 실

종이나 레이온, 폴리에스터 등의 합성섬유 소재의 실입니다. 다양한 모양과 질감을 내기 위해 만들어진 실로, 가방이나 모자 등 소품을 만들 때 많이 사용합니다. 천연 소재의 실보다 발색이 좋고, 내구성이 강한 것이 특징입니다.

Tip 실 라벨 보는 법 ·····

모든 실에는 실에 대한 정보를 담고 있는 라벨이 있습니다.
실을 고를 때 필요한 실의 소재와 사용량, 사용할 바늘을 알아두면 편리합니다.

실의 소재를 나타냅니다.

실에 적당한 바늘의 굵기를 나타냅니다.

1볼의 무게를 나타냅니다.

세탁할 때의 주의사항입니다.

실의 색깔을 나타내는 번호입니다.

Lot(로트) 번호는 염색 번호로, Lot 번호가 다르면 같은 색상이라도 조금씩 차이가 날 수 있습니다. 따라서 똑같은 색의 실이 필요할 때는 Lot번호가 같은지 확인하는 것이 좋습니다.

실의 굵기

극세사 | 보통 2～3겹을 함께 잡아 뜨는 게 좋습니다.
2～3겹으로 뜰 때 대바늘은 3.5mm를 사용합니다.

합세사 | 보통 2겹으로 뜹니다. 2겹으로 뜰 때 대바늘은 3～3.5mm를 사용합니다.

중세사 | 보통 1～2겹으로 뜹니다. 1～2겹으로 뜰 때 대바늘 3.5mm를 사용합니다.

병태사 | 일반적으로 많이 사용하는 중간 굵기의 실로,
1겹으로 뜰 때 대바늘은 3.5mm를 사용합니다.

극태사 | 다소 두꺼운 느낌의 실로, 1겹으로 뜰 때 대바늘은 4.5～6.5mm를 사용합니다.

초극태사 | 아주 두꺼운 실로, 1겹으로 뜰 때 대바늘은 5.5～8mm를 사용합니다.

대바늘의 종류

❶ 줄바늘 대바늘뜨기에서 가장 많이 사용하는 바늘입니다. 바늘 2개가 줄로 연결되어 있어 편물을 뜰 때 바늘에서 편물이 쉽게 빠지지 않고 걸쳐 있어 뜨기에 용이합니다. 굵기에 따라 주로 mm로 표기하며, 호수로 표기하는 경우 숫자가 클수록 바늘의 굵기가 굵습니다.

❷ 막대바늘 줄로 연결되지 않은 1자 막대 모양의 긴 바늘입니다. 바늘 반대편 끝에 둥글게 막음을 해 놓아 편물이 빠지는 것을 막아 줍니다. 큰 편물을 뜰 때 주로 사용하며, 바늘이 줄로 연결되어 있지 않아 뜨다가 실이 꼬이지 않는 장점이 있습니다.

❸ 짧은 막대바늘(장갑바늘) 바늘이 줄로 연결되어 있지 않아서 작은 편물(장갑이나 핸드워머)이나 소품을 뜰 때 많이 사용합니다. 바늘의 이동이 자유로운 것이 장점입니다. 2개뿐 아니라 3개 이상을 같이 사용할 수 있습니다. 마찬가지로 굵기에 따라 주로 mm로 표기하며, 호수로 표기하는 경우 숫자가 클수록 바늘의 굵기가 굵습니다.

대바늘뜨기 자세

오른손에 실을 거는 경우

가장 일반적인 대바늘뜨기 자세입니다. 오른손 검지와 중지에 사진과 같이 실을 걸고 뜹니다.

왼손에 실을 거는 경우

일반적인 대바늘뜨기 자세는 아니지만 아래의 자세가 익숙해지면 속도가 빠른 장점이 있습니다.

대바늘 굵기와 실의 선택

표준 방법을 제시한 것이며 솜씨에 따라서 실이나 바늘의 굵기를 조절하여 선택합니다.

바늘의 굵기	굵기 (mm)	호수	실의 종류					
			극세사	합세사	중세사	병태사	극태사	초극태사
	12.0mm	12mm	6~8겹		5겹	2~3겹	2겹	1~2겹
	10.0mm	10mm			4겹	2~3겹	1~2겹	1~2겹
	9.0mm	9mm						
	8.0mm	8mm			3~4겹	2겹	1~2겹	1겹
	7.0mm	16호						
	6.5mm	15호			3겹	1~2겹	1겹	1겹
	6.0mm	13~14호						
	5.5mm	12호			2~3겹	1~2겹	1겹	1겹
	5.0mm	10호			2~3겹	1~2겹	1겹	
	4.5mm	8호			2~3겹	1겹	1겹	
	4.0mm	6호			2겹	1겹		
	3.5mm	4~5호	2~3겹	2겹	1~2겹	1겹		
	3.0mm	3호	1~2겹	1~2겹	1겹			

대바늘뜨기 도구

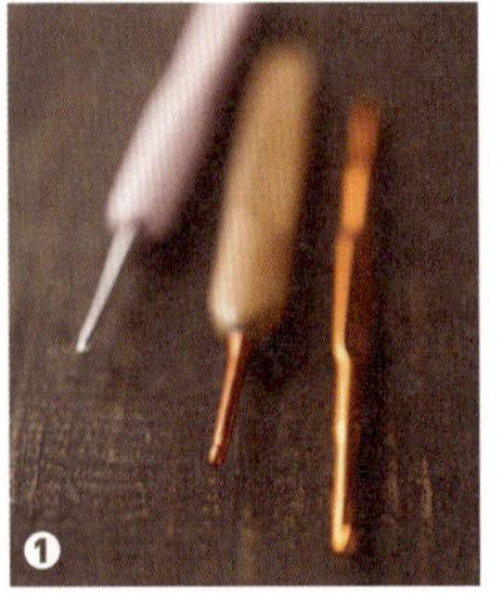 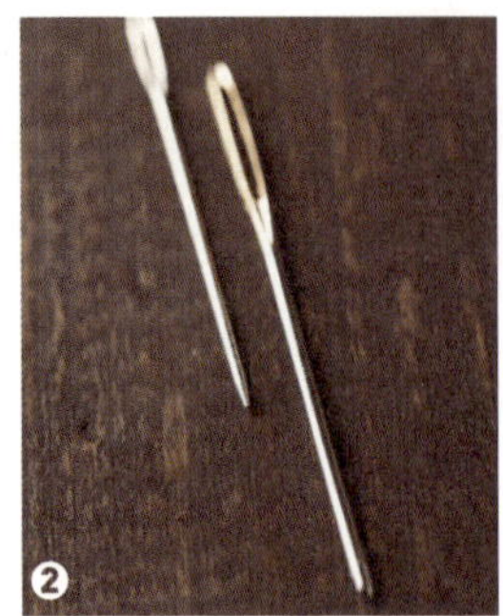  

❶ 코바늘 대바늘뜨기에서 마무리를 하거나 코를 잡아 편물을 이어나갈 때 부수적으로 사용합니다.

❷ 돗바늘 마지막 정리할 때 주로 사용합니다. 일반 바늘보다 두껍고 바늘귀가 커서 두꺼운 털실을 꿰맬 때 좋습니다. 단과 단을 잇거나 마지막에 실을 끊고 난 후 정리할 때 사용합니다.

❸ 꽈배기바늘 편물에 교차뜨기(꽈배기)로 무늬를 만들 때 사용합니다. 대바늘로 편물을 뜨다가 중간에 꽈배기 무늬를 넣고 싶을 때 꽈배기바늘에 코를 옮겨 놓은 후 교차하여 뜹니다.

❹ 안전핀 편물을 뜨다가 대바늘을 빼내어 다른 편물을 떠야 할 때, 안전핀에 코를 옮겨 걸은 후 핀의 입구를 막아 주면 만들어 놓은 편물의 코가 빠져 버리거나 변형되는 것을 막을 수 있습니다. 주로 의류를 만들 때 많이 사용하는데, 옷의 어깨 부분이나 앞판과 뒷판을 완성한 후 이을 때 사용하면 편리합니다.

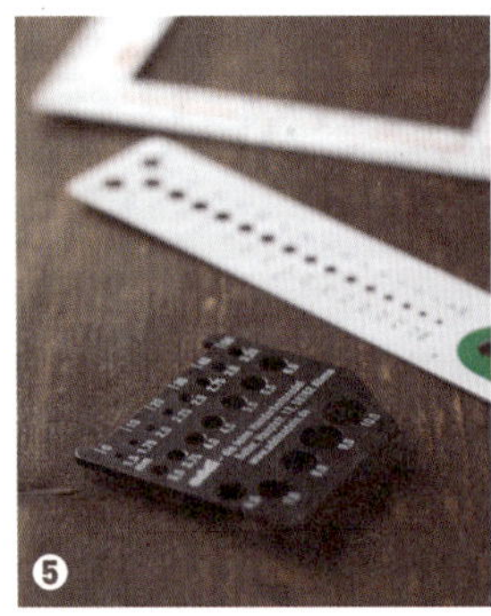  

❺ 게이지 자 치수를 재어 편물의 게이지를 내는 자로, 일정한 크기 안에 들어가는 콧수와 단수를 잴 수 있습니다. 일자와 사방(사각 형태) 2종류가 있습니다.

❻ **단수 마커(단수링)**　편물의 단에 작은 링을 달아 표시하는 제품입니다. 단수를 체크하거나, 무늬가 들어가야 할 단을 표시할 때 많이 사용합니다.

❼ **콧수 마커(콧수링)**　단수링과 비슷하게 사용되는데, 편물의 코에 주로 다는 제품입니다. 콧수를 표시할 때 많이 사용합니다.

❽ **폼폼메이커**　니트 방울을 간편하게 만들 수 있는 제품입니다. 털모자 꼭지에 달려 있는 방울, 머플러 끝에 달려 있는 방울 등을 만들 때 사용합니다.

❾ **바늘마개**　편물을 뜨지 않을 때 대바늘 끝에 끼워 두면 뜨던 편물의 코가 빠지는 것을 막을 수 있습니다. 바늘의 두께에 맞는 바늘마개를 사용합니다.

❿ **시침바늘**　바늘 끝이 일반 바늘이나 핀보다 무디기 때문에 뜨개용 시침바늘을 따로 구분합니다. 끝이 날카롭지 않아 편물이 상하지 않으며, 주로 편물끼리 잇거나 지퍼 등의 부자재를 달 때 많이 사용합니다.

⑪ **줄자**　의류를 만들 때 치수를 재는 경우 사용합니다. 편물의 길이를 잴 때도 사용합니다.

도안 보는 법

대바늘뜨기 도안을 볼 때는 주의해야 할 점이 있습니다. 24쪽 '포켓 꽈배기 머플러' 도안을 예로 들어 설명해 보겠습니다. 전체 도안은 25쪽을 참고합니다.

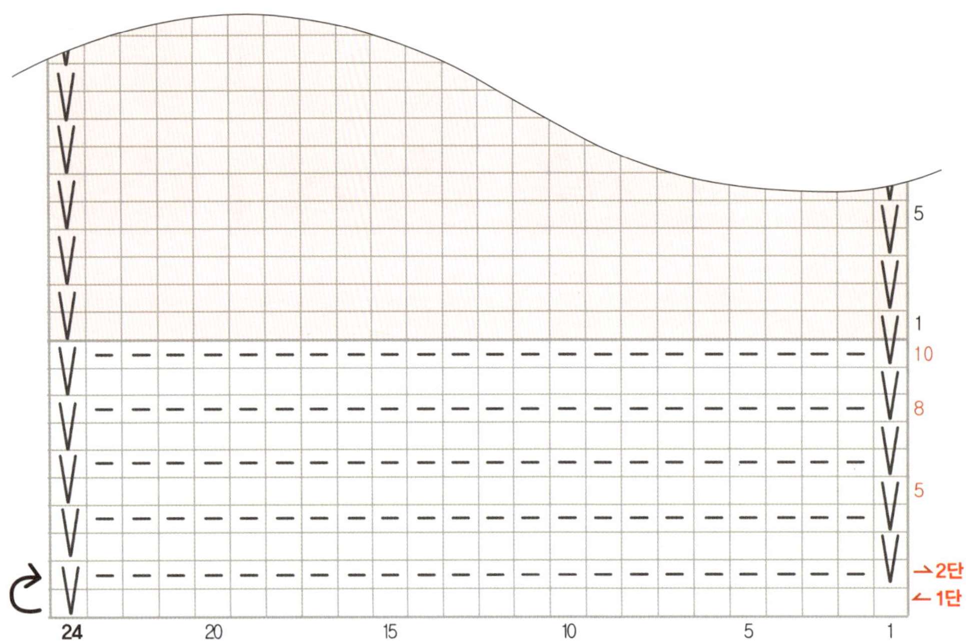

1 어떤 뜨개법이 있는지 확인합니다.
'포켓 꽈배기 머플러' 도안에는 겉뜨기(Ⅰ), 안뜨기(—), 걸러뜨기(Ｖ), 왼쪽 위 교차뜨기(≫≪)가 사용되었습니다.

2 시작 부분과 시작 콧수를 잘 확인합니다.
도안의 맨 아래 단의 오른쪽 끝에서 시작하고 시작 콧수는 24코입니다. 즉, 코잡기를 할 때 떠야 할 콧수는 24코가 됩니다.

3 도안의 첫 번째 단은 코잡기 단입니다. 그 다음 단부터 2단, 3단… 순서로 세어 나갑니다.

4 짝수 단에서는 기호와 반대로 뜹니다.
도안은 '떠야 할 기호'를 그려 넣은 것이 아니라 '겉면에 나타나야 할 무늬'를 그려 넣은 것입니다. 단을 왔다갔다 반복해서 뜨다 보면 겉면이 앞뒤로 계속 바뀌기 때문에, 홀수 단에서는 기호와 똑같이, 짝수 단에서는 기호와 반대로 떠야 무늬가 도안대로 잘 나타납니다.

도안에 따라 '1-2-1'과 같은 숫자의 나열이 있는 경우가 있습니다. 이때 첫 번째 숫자는 '단', 두 번째 숫자는 '코', 세 번째 숫자는 '횟수'를 말합니다. '1-2-1'은 즉, 1단에 2코를 1회 줄이거나 늘리는 것을 뜻합니다.

Tip 콧수와 단수 구별하는 법

'코'를 가로로 떠서 되는 한 줄을 '단'이라고 합니다.

게이지에 대하여

게이지란 사방 10cm 안에 들어가는 편물의 콧수와 단수를 계산하는 것을 말합니다. 이 게이지를 이용하여 도안에 나와 있는 사이즈가 될 수 있도록 콧수/단수를 조정할 수 있습니다.

ex) 가로/세로 10cm의 편물을 짰을 때 콧수가 20코, 단수가 30단이 나왔다면, 너비(가로) 20cm, 기장(세로) 200cm의 머플러를 짜야 할 때 몇 코, 몇 단을 떠야 할까요?

콧수 : 10cm에 20코가 들어가므로, 20cm에는 2배(20÷10)인 40코를 떠야 합니다.
단수 : 10cm에 30단이 들어가므로, 200cm에는 20배(200÷10)인 600단을 떠야 합니다.

10cm에 20코, 30단이면, 1cm에 2코, 3단입니다.
따라서 너비 20cm에는 (20cm×2코=)40코를, 기장 200cm에는 (200cm×3단=)600단을 뜨면 됩니다.

기본 작품 만들기

Clover
8 mm
NO.
0
1   2.1
2   2.4
3   2.7
4   3.0
5   3.3
6   3.6
7   3.9
8   4.2
9   4.5
10   4.8
11   5.1
12   5.4
13   5.7
14   6.0
NO.
15   6.3
         6.6
7
mm
mm

01 포켓 꽈배기 머플러

난이도
★☆☆

완성 크기
약 22×180cm

예상 재료비
32,500원

준비물
카라 레드 4볼(1볼≒90g)
대바늘 7mm, 꽈배기바늘, 돗바늘

뜨개 기법

□ 겉뜨기(86쪽)　　　DVD 12

— 안뜨기(87쪽)　　　DVD 13

∨ 걸러뜨기(103쪽)　　DVD 29

3코 오른쪽 위
교차뜨기(111쪽)　　DVD 36
★ 3코 왼쪽 위 교차뜨기 참고

● 코막음(78쪽)　　　DVD 08

Tip　평뜨기 주의사항 ···

평뜨기는 편물을 앞뒤로 뒤집어가며 단을 왔다갔다 뜨는 것을 말합니다. 따라서 평뜨기에서는 도안을 화살표 방향에 따라 왔다갔다 보아야 합니다. 처음 코잡은 단이 1단이고, 2단부터 뜨기 시작합니다. **도안은 앞에서 보았을 때의 무늬를 표기한 것이므로, 되돌아오며 뜨는 짝수 단은 기호와 반대로(겉뜨기는 안뜨기로, 안뜨기는 겉뜨기로) 떠야 합니다.**

[머플러]

41 시작 위치
32 시작 위치
27 시작 위치
21 시작 위치
10 시작 위치
1 시작 위치
1코 2단 멍석뜨기
메리야스뜨기
가터뜨기
★

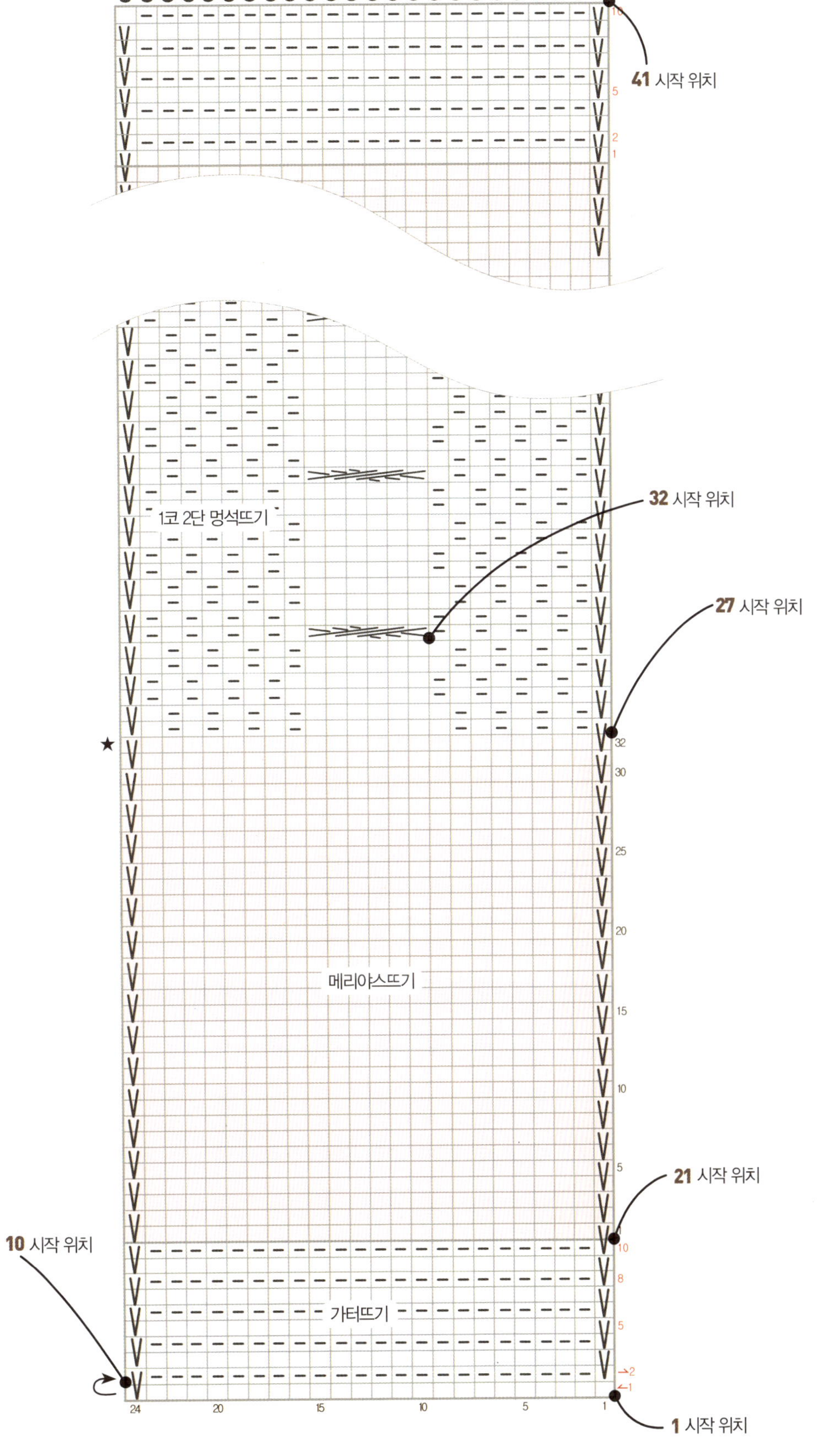

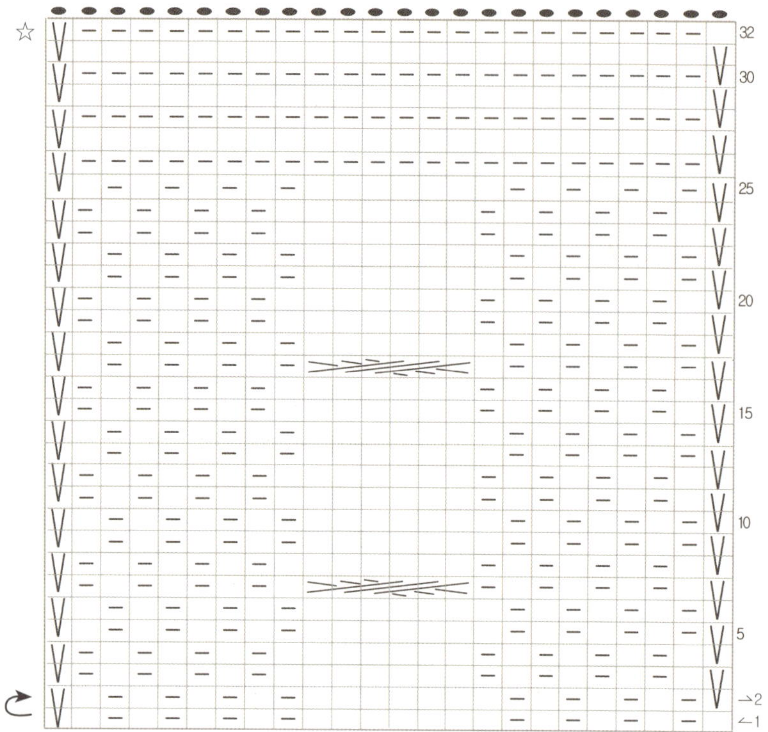

만드는 방법

코잡기 1단

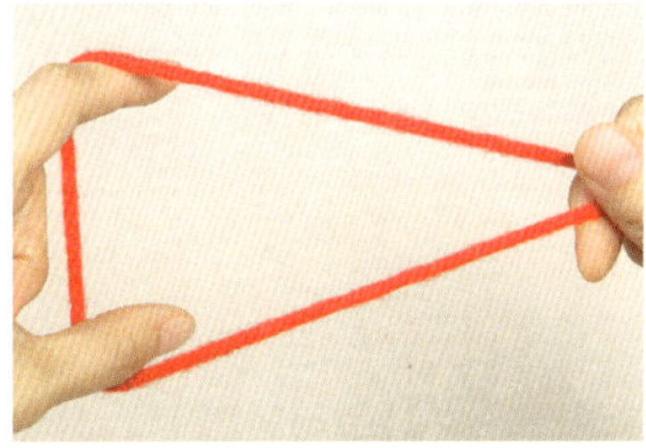 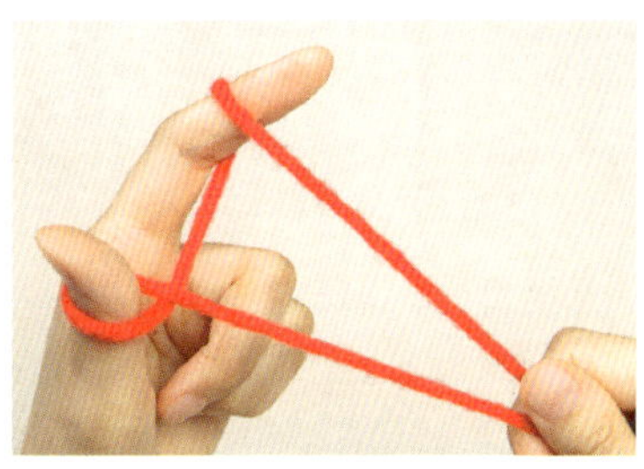 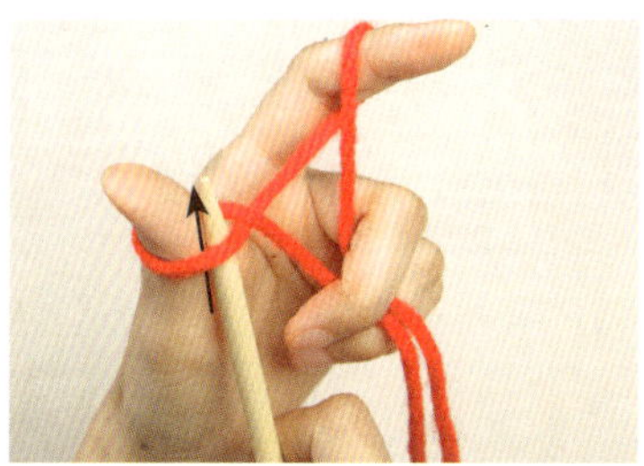

1 머플러 폭(22cm)의 3~4배 여유를 두고 왼손 엄지와 검지에 실을 겁니다. 실 끝은 엄지 쪽에 오도록 합니다.

2 왼손을 세워 엄지와 검지에 고리를 만듭니다.

3 엄지 쪽에서 바늘을 아래에서 위로 넣습니다.

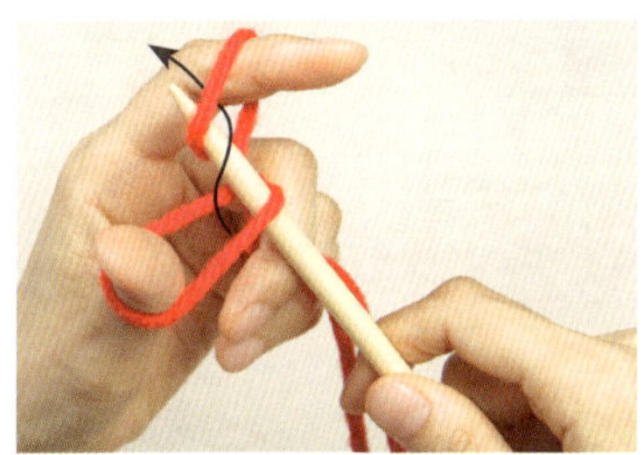 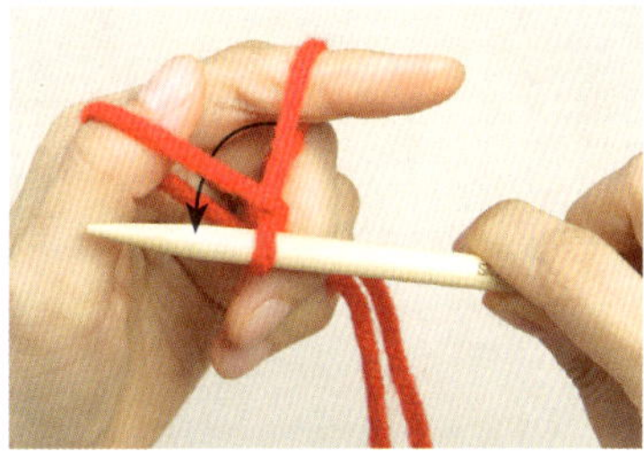 

4 그 상태에서 검지에 걸린 고리 안으로 바늘을 넣습니다.

5 검지에 걸린 고리를 엄지에 걸린 고리 안쪽으로 빼냅니다.

6 검지와 엄지를 실에서 빼면서 바늘을 바깥으로 쭉 잡아당깁니다.

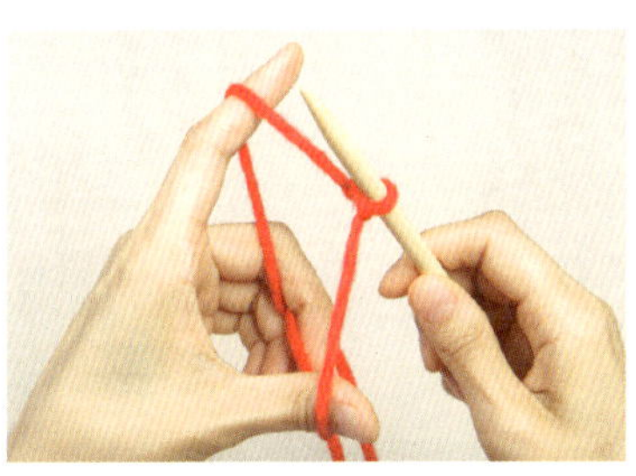  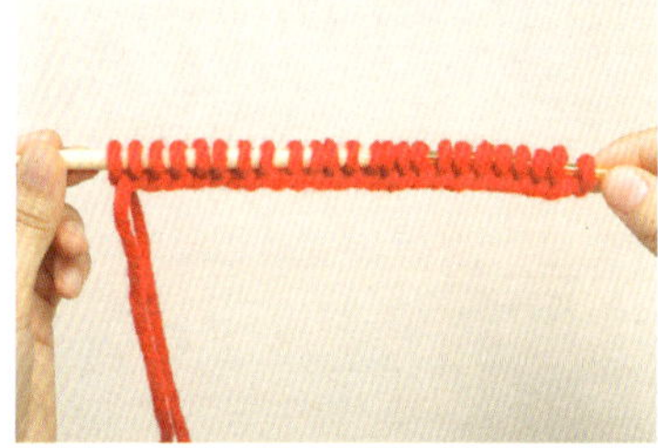

7 실 사이에 손가락을 넣어 잡아당겨 조이면 1코가 완성됩니다. 실 끝이 엄지에 오도록 잡습니다.

8 두 번째 코부터는 **3~5**를 반복하되, 엄지만 실에서 빼면서 코를 만듭니다.

9 24코를 만듭니다.

가터뜨기 2~10단(양쪽에 시작하는 첫코는 걸러뜨기)

Tip

걸러뜨기는 안쪽 면(짝수 단)에서는 오른쪽 바늘을 뒤에서 앞으로 넣어서 넘기고, 겉쪽 면(홀수 단)에서는 바늘을 앞에서 뒤로 넣어서 넘깁니다.

10 뒤집어서 첫코에 오른쪽 바늘을 뒤에서 앞으로 넣습니다.

11 뜨지 않고 그대로 오른쪽 바늘로 옮깁니다. (**10~11** 안쪽 면에서 걸러뜨기)

12 앞쪽에 있던 실을 바늘 뒤로 넘깁니다.

13 다음 코에 바늘을 앞에서 뒤로 넣습니다.

14 바늘에 실을 바깥쪽에서 안쪽으로 겁니다.

Tip

가터뜨기는 안쪽 면과 겉쪽 면에서 겉뜨기만 반복하여 뜹니다. (평뜨기에서 짝수 단은 기호와 반대로!)

15 구멍 안으로 바늘과 실을 빼냅니다. (**12~15** 겉뜨기)

16 겉뜨기를 반복하여 1단을 끝까지 뜹니다.

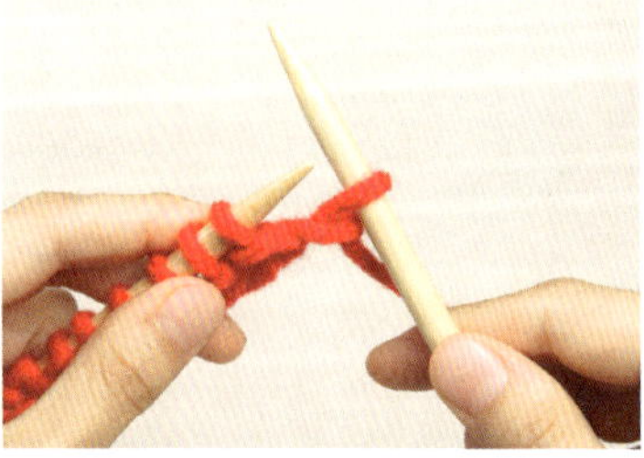

17 뒤집어서 첫코에 오른쪽 바늘을 앞에서 뒤로 넣습니다.

18 뜨지 않고 그대로 오른쪽 바늘로 옮깁니다. (**17~18** 겉쪽 면에서 걸러뜨기)

19 겉뜨기로 떠 나갑니다.

20 도안을 참고하여 가터뜨기 10단을 뜬 모습입니다.

메리야스뜨기 1~32단

21 걸러뜨기 1코를 합니다(겉쪽 면).

22 겉뜨기로 1단을 끝까지 뜹니다.

23 뒤집어서 걸러뜨기 1코를 합니다(안 쪽 면).

24 바늘을 뒤에서 앞으로 넣고, 실을 바 깥쪽에서 안쪽으로 겁니다.

25 구멍 안으로 바늘과 실을 빼냅니다. (**24~25** 안뜨기) 안뜨기로 1단을 끝까지 뜹니다.

Tip

메리야스뜨기는 겉쪽 면에서는 겉뜨기, 안쪽 면에서는 안뜨기로 뜹니다.

26 겉뜨기 1단, 안뜨기 1단을 반복하여 메리야스뜨기 32단을 뜬 모습입니다.

1코 2단 멍석뜨기 + 꽈배기 무늬

27 걸러뜨기 1코를 합니다(걸쪽 면).

28 안뜨기를 해야 하므로 실을 앞으로 넘깁니다.

29 안뜨기 1코를 뜹니다.

30 이번에는 겉뜨기를 해야 하므로 실을 뒤로 넘깁니다.

31 겉뜨기 1코를 뜹니다. 도안에 따라 3코 왼쪽 위 교차뜨기 기호가 나올 때까지 떠 나갑니다.

32 3코 왼쪽 위 교차뜨기 기호가 있는 부분까지 떴습니다.

33 왼쪽 바늘의 6코 중 오른쪽 3코를 순서대로 꽈배기바늘에 옮깁니다.

34 꽈배기바늘을 뒤로 넘깁니다.

35 왼쪽 바늘에 걸려 있는 3코를 겉뜨기합니다.

36 겉뜨기 3코를 뜬 모습입니다.

37 뒤에 넘겨 두었던 꽈배기바늘을 앞으로 당겨 3코를 겉뜨기합니다.

38 3코 왼쪽 위 교차뜨기가 완성되었습니다.

39 코막음 기호가 나올 때까지 도안에
따라 끝까지 떠 나갑니다.

40 코막음만 남기고 끝까지 뜬 모습입
니다.

코막음 + 실 마무리

41 겉뜨기 2코를 뜹니다.

42 왼쪽 바늘로 오른쪽 바늘에 걸려 있는
뒤쪽 코에 바늘을 넣습니다.

43 앞쪽 코를 덮어씌웁니다.

44 오른쪽 바늘에 있던 2코가 1코가 되면
서 코막음 1코가 되었습니다.

45 다시 다음 코를 겉뜨기하고 **42~44**를
반복하여 코막음을 해 나갑니다.

46 끝까지 코막음을 하고 1코가 남았습
니다.

47 남은 코는 마무리할 만큼 길게 빼고
자릅니다.

48 돗바늘에 남은 실을 꿰니다. (Point 돗
바늘에 실 꿰기 참고)

49 뒷면에서 실이 보이지 않게 코 안쪽
으로 감침질하여 숨깁니다.

50 남은 실은 짧게 자릅니다.

51 깔끔하게 마무리가 되었습니다.

주머니 달기

52 도안을 참고하여 주머니 부분을 뜹니다. 실은 주머니를 연결할 때 사용할 수 있도록 주머니 둘레의 2배 정도 여유 있게 남기고 자릅니다.

53 주머니를 머플러의 메리야스뜨기 부분(도안에서 색칠 부분) 위에 겹쳐 올립니다.

54 양옆 사슬 모양이 같도록 잘 맞춥니다. 주머니는 입구가 되는 윗부분만 남기고 양옆과 아랫부분을 모두 연결합니다.

55 돗바늘에 주머니의 남은 실을 꿰어 메리야스뜨기가 시작되는 코에 넣습니다.

56 주머니와 메리야스뜨기 부분의 단수가 똑같기 때문에 1코씩 홈질하듯 연결합니다.

57 코의 모양을 잘 맞추어 끝까지 홈질해 나갑니다.

58 주머니를 단 모습입니다. 다른 쪽도 같은 방법으로 달면 완성입니다.

❶ 실을 바늘에 건 후 바늘 쪽으로 바짝 잡아 줍니다.

❷ 실에서 바늘을 빼냅니다.

❸ 얇게 접힌 실을 바늘귀에 통과시키면 돗바늘에 실이 꿰어집니다.

이렇게도 만들어 보아요

다른 색상의 실로 하나를 더 떠서 커플 머플러를 완성해 보세요!

02 배색 골지 비니

난이도
★☆☆

완성 크기
약 20×30cm

예상 재료비
13,000원

준비물
모드 노랑, 다크브라운 각 1볼(1볼≒80g)
대바늘 7mm, 돗바늘

뜨개 기법

□	겉뜨기(86쪽)	DVD 12
―	안뜨기(87쪽)	DVD 13
V	걸러뜨기(103쪽)	DVD 29
∩	끌어올리기(105쪽)	DVD 31
↗	왼코겹치기(91쪽)	DVD 17
↘	왼코 겹치기(안뜨기)(92쪽)	DVD 18

★ 오른코 겹치기 뜰 때 사용

Tip 평뜨기 주의사항 ···

평뜨기는 편물을 앞뒤로 뒤집어가며 단을 왔다갔다 뜨는 것을 말합니다. 따라서 평뜨기에서는 도안을 화살표 방향에 따라 왔다갔다 보아야
합니다. 처음 코잡은 단이 1단이고, 2단부터 뜨기 시작합니다. **도안은 앞에서 보았을 때의 무늬를 표기한 것이므로, 되돌아오며 뜨는 짝수
단은 기호와 반대로(겉뜨기는 안뜨기로, 안뜨기는 걸뜨기로) 떠야 합니다.**

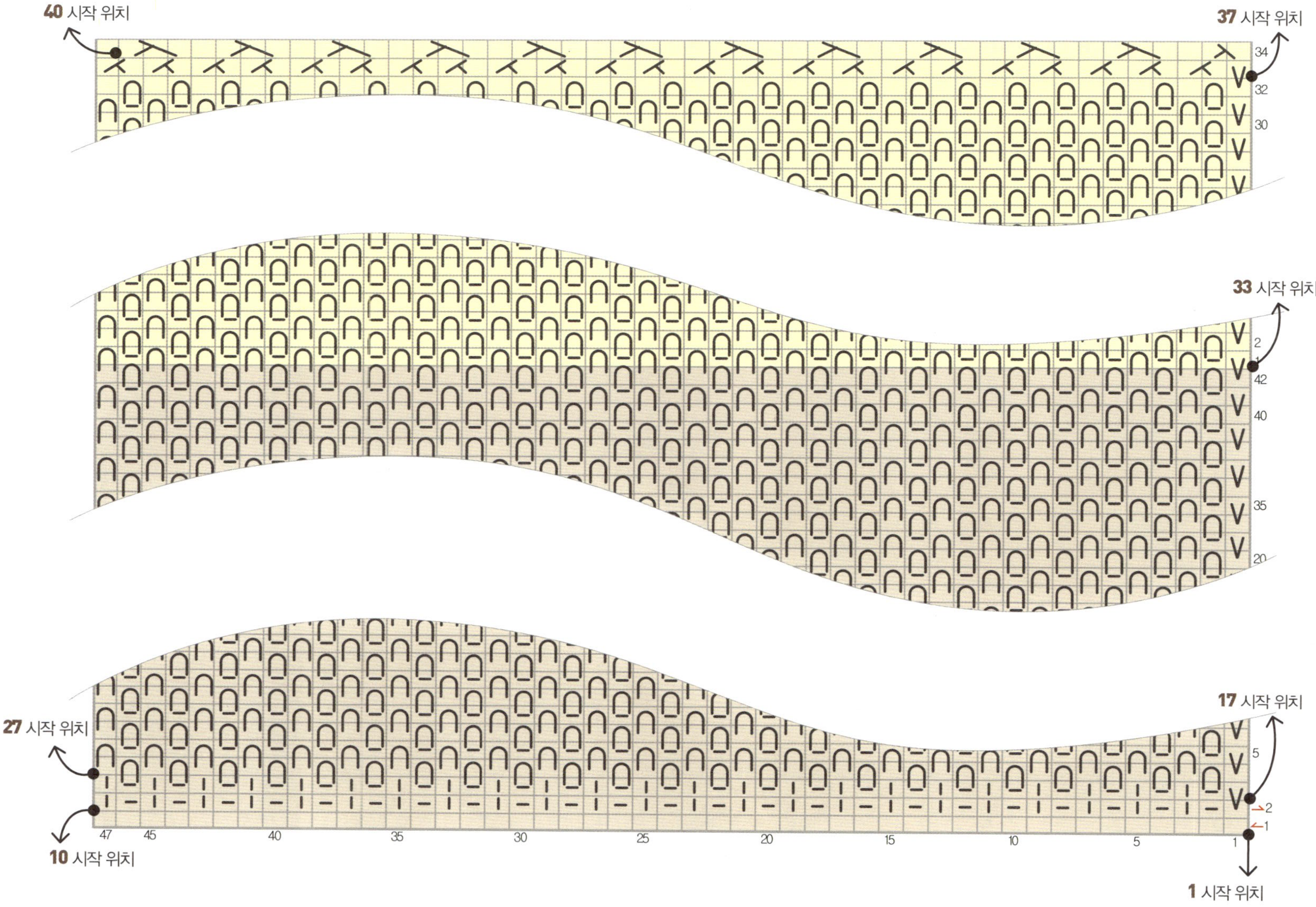
40 시작 위치
37 시작 위치
33 시작 위치
27 시작 위치
17 시작 위치
10 시작 위치
1 시작 위치

만드는 방법

코잡기 1단 + 1코 고무뜨기 1단

1 비니 폭(40cm)의 3~4배 여유를 두고 왼손 엄지와 검지에 실을 겁니다. 실 끝은 엄지 쪽에 오도록 합니다.

2 왼손을 세워 엄지와 검지에 고리를 만듭니다.

3 엄지 쪽에서 바늘을 아래에서 위로 넣습니다.

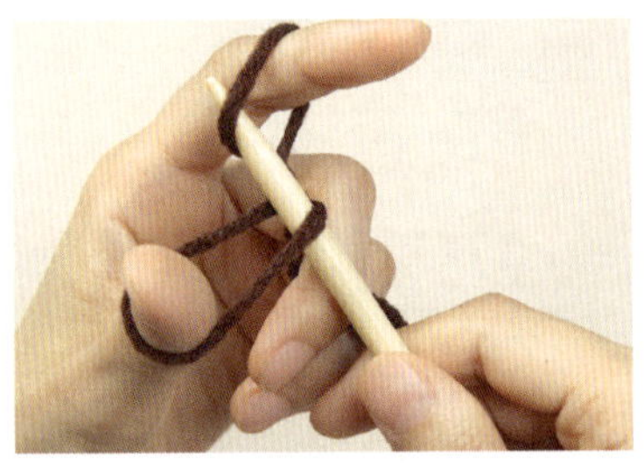

4 그 상태에서 검지에 걸린 고리 안으로 바늘을 넣습니다.

5 검지에 걸린 고리를 엄지에 걸린 고리 안쪽으로 빼냅니다.

6 검지와 엄지를 실에서 빼면서 바늘을 바깥으로 쭉 잡아당깁니다.

7 실 사이에 손가락을 넣어 잡아당겨 조이면 1코가 완성됩니다. 실 끝이 엄지에 오도록 잡습니다.

8 두 번째 코부터는 **3~5**를 반복하되, 엄지만 실에서 빼면서 코를 만듭니다.

9 47코를 만듭니다.

10 뒤집어서 첫코에 오른쪽 바늘을 뒤에서 앞으로 넣습니다.

11 바늘에 실을 바깥쪽에서 안쪽으로 겁니다.

12 구멍 안으로 바늘과 실을 빼냅니다. (**10~12** 안뜨기)

13 다음 코는 겉뜨기를 해야 하므로 실을 뒤로 넘깁니다.

14 코에 바늘을 앞에서 뒤로 넣고, 실을 바깥쪽에서 안쪽으로 겁니다.

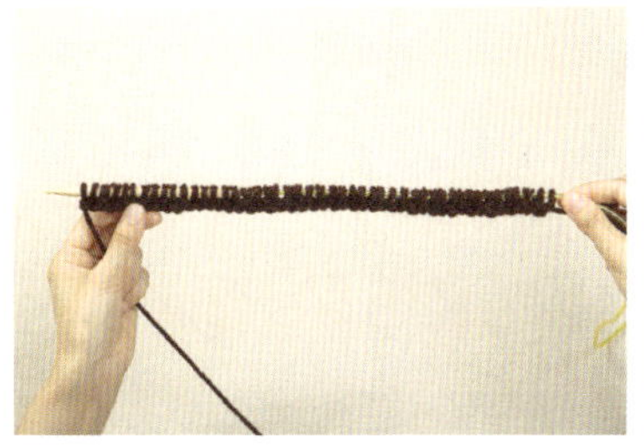

15 구멍 안으로 바늘과 실을 빼냅니다. (14~15 겉뜨기)

16 안뜨기 1코, 겉뜨기 1코를 반복하여 1코 고무뜨기 1단을 뜬 모습입니다.

양면 변형 고무뜨기(고동색) 3~42단

17 뒤집어서 첫코에 오른쪽 바늘을 앞에서 뒤로 넣습니다.

18 뜨시 않고 그대로 오른쪽 바늘로 옮깁니다. (28쪽 **11** Tip 참고)

19 실을 앞으로 넘깁니다.

20 안뜨기 방향으로 바늘을 넣습니다.

21 뜨지 않고 그대로 오른쪽 바늘로 옮깁니다.

22 실을 앞에 그대로 둔 채, 다음 코에 겉뜨기 방향으로 바늘을 넣습니다.

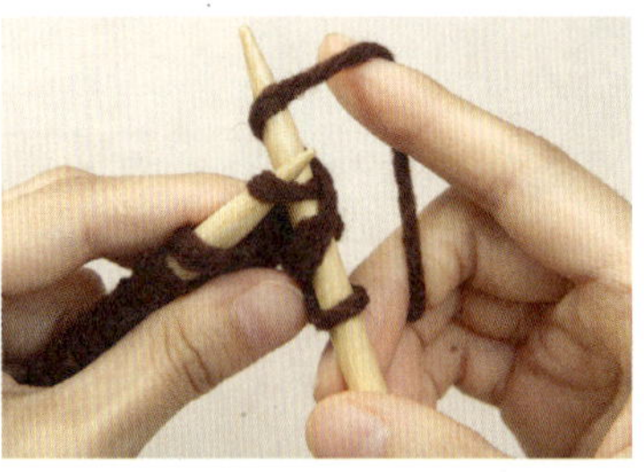

23 앞에 둔 실을 그대로 오른쪽 바늘에 걸어 겉뜨기합니다.

24 실을 앞에 두고 떠서 고리 1개가 늘어난 모습입니다(❶). 고리는 코에 포함되지 않으며, 끌어올려 다음 단에서 가운데 코(❷)와 한꺼번에 뜰 것이므로 전체 콧수는 늘어나지 않습니다.

25 실을 앞으로 넘깁니다. **20~25**를 반복하여 뜹니다.

26 단 끝까지 뜬 모습입니다.

27 뒤집어서 첫코에 안뜨기 방향으로 바늘을 넣습니다.

28 뜨지 않고 그대로 오른쪽 바늘로 옮깁니다.

29 실을 앞에 그대로 둔 채, 다음 코(고리 1개 ❶+코 1개 ❷)에 겉뜨기 방향으로 바늘을 넣습니다.

30 앞에 둔 실을 그대로 오른쪽 바늘에 걸어 한꺼번에 겉뜨기합니다.

31 실을 앞에 두고 떠서 고리 1개가 늘어났지만(❷), **24**와 마찬가지로 고리는 코에 포함되지 않으므로 총 2코(❶+❸)로 보는 것이 맞습니다.

32 실을 앞에 놓고 **27~31**을 반복하여 단을 끝까지 뜹니다. 도안에 따라 42단까지 떠 나갑니다.

양면 변형 고무뜨기(노란색) 1~34단

33 배색을 시작하는 단에서 고동색 실에 노란색 실을 묶습니다.

34 고동색 실은 마무리할 정도만 남기고 자릅니다.

35 **17~32**를 반복하여 도안에 따라 32단까지 떠 나갑니다.

36 32단까지 뜬 모습입니다.

37 33단 첫코는 걸러뜨기합니다.

38 다음 코(고리 1개 **2**+코 2개 **1**, **3**)에 바늘을 넣어 한꺼번에 겉뜨기합니다. **24**와 마찬가지로 고리는 코에 포함되지 않으므로 총 2코(**1**+**3**)로 보는 것이 맞습니다.

39 왼코 겹치기를 한 모습입니다. 같은 방법으로 단 끝까지 뜹니다.

40 뒤집어서 34단 첫 2코에 안뜨기 방향으로 바늘을 넣습니다.

41 한꺼번에 안뜨기합니다. (**40~41** 왼코 겹치기(안뜨기)) 같은 방법으로 단 끝까지 뜹니다.

> **Tip**
>
> 평뜨기에서 짝수 단은 기호와 반대로 뜹니다. 따라서 오른코 겹치기의 반대인 왼코 겹치기(안뜨기)를 뜹니다.

정수리 모으기 + 옆 솔기 연결하기 + 마무리

42 옆 솔기 길이의 2~3배 정도를 여유 있게 남기고 실을 자릅니다.

43 돗바늘에 실을 꿰닙니다(33쪽 참고).

44 실이 끝난 위치의 반대쪽부터 바늘에 걸려 있는 코를 모두 돗바늘로 옮깁니다.

45 돗바늘을 잡아당기면 중심으로 코들이 모이면서 오므려집니다.

46 단단하게 하기 위해 돗바늘을 한 번 더 통과시켜 오므립니다.

47 계속해서 위쪽 단과 아래쪽 단을 이어서 옆 솔기를 연결합니다. 위쪽 단의 1코 위에 돗바늘을 넣어 통과시킵니다.

48 아래쪽 단은 반코 아래에 돗바늘을 넣어 통과시킵니다.

49 47~48을 반복하여 옆 솔기를 끝까지 연결합니다.

50 끝코도 꼼꼼하게 마무리합니다. 위쪽 단의 끝코에 돗바늘을 넣어 통과시킵니다.

51 아래쪽 단의 끝코에 돗바늘을 넣어 통과시킵니다.

52 남은 실은 뒤쪽으로 넘겨 코에 돗바늘을 넣어 통과시킵니다.

53 사진과 같이 고리에 돗바늘을 넣어 빼냅니다.

54 매듭이 지어졌습니다.

55 코에 돗바늘을 통과시키며 감침질하
듯 마무리하고 남은 실을 자릅니다.

56 배색 골지 비니가 완성되었습니다.

03 클래식 꽈배기 넥워머

난이도
★☆☆

완성 크기
약 34×25cm

예상 재료비
20,700원

준비물
모드 진회색 4볼(1볼=80g)
보조실, 대바늘 7mm 2개, 코바늘, 돗바늘,
꽈배기바늘, 콧수 마커

뜨개 기법

□　겉뜨기(86쪽)　　　　　　DVD 12

─　안뜨기(87쪽)　　　　　　DVD 13

⤬　2코 오른쪽 위
　　교차뜨기(110쪽)　　　　　DVD 35
　　★2코 왼쪽 위 교차뜨기 참고

⤬　3코 오른쪽 위
　　교차뜨기(111쪽)　　　　　DVD 36
　　★3코 왼쪽 위 교차뜨기 참고

　　풀어버리는
　　코잡기(74쪽)　　　　　　DVD 05

　　코와 코 잇기 1　　　　　　DVD 50
　　(139쪽)

Tip　원형뜨기 주의사항 ···

원형뜨기는 편물이 동그랗게 이어지도록 한쪽 방향으로 뜨는 것을 말합니다. 즉, 원형뜨기는 편물의 앞뒤가 바뀌지 않습니다. 도안을 볼 때
도 **한쪽 방향으로만 보면서 뜨고(오른쪽에서 왼쪽으로), 도안의 기호와 동일하게 뜹니다.**

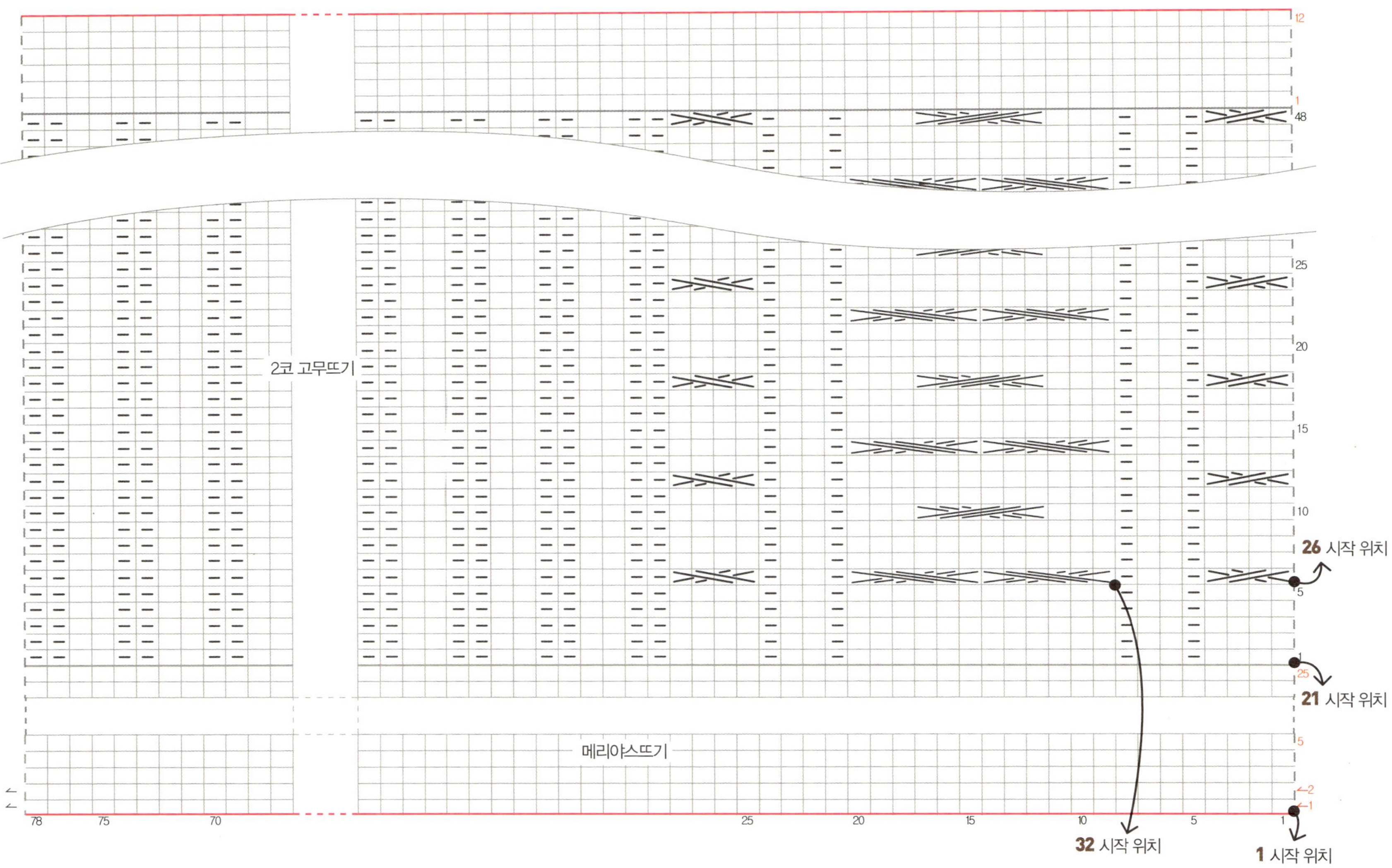

2코 고무뜨기
메리야스뜨기
26 시작 위치
21 시작 위치
32 시작 위치
1 시작 위치

만드는 방법

풀어버리는 코잡기 1단 + 메리야스뜨기 2~25단

1 다른 색깔의 보조실을 사진과 같이 왼손에 겁니다.

2 엄지와 중지로 실을 잡아 고정합니다.

3 코바늘을 넣습니다.

4 바늘을 오른쪽으로 한 바퀴 돌려 실을 꼬아 줍니다.

5 고리가 풀리지 않도록 교차되는 부분을 엄지와 중지로 잡습니다.

6 실을 감습니다.

7 감은 실을 고리 사이로 빼내면 매듭이 만들어집니다.

8 6~7을 한 번 더 반복하면 사슬뜨기 1코가 완성됩니다.

9 계속 반복하여 사슬뜨기 78코를 뜹니다. 필요한 콧수에서 2~3코 정도 여유 있게 뜹니다.

10 사슬뜨기 뒷면을 보면 콧등이 있습니다.

11 첫 번째 콧등에 바늘을 넣고 떠야 할 실을 바깥쪽에서 안쪽으로 겁니다.

12 구멍 안으로 바늘과 실을 빼냅니다.

13 바로 옆의 콧등에 바늘을 넣습니다.

14 실을 바깥쪽에서 안쪽으로 겁니다.

15 구멍 안으로 바늘과 실을 빼냅니다. **13~15**을 반복하여 단을 끝까지 뜹니다.

16 풀어버리는 코잡기 78코가 완성된 모습입니다.

17 원형으로 떠야 하므로 오른쪽 바늘을 뜨기 좋게 빼냅니다.

18 첫코에 바늘을 앞에서 뒤로 넣고, 오른쪽 바늘에 실을 바깥쪽에서 안쪽으로 겁니다.

19 구멍으로 실과 바늘을 빼냅니다. (**18~19** 겉뜨기) 도안에 따라 25단까지 떠 나갑니다.

Tip

평뜨기는 짝수 단에서 기호와 반대로 뜨지만(24쪽 참고), 원형뜨기는 짝수 단에서도 기호와 똑같이 뜹니다(42쪽 참고).

20 메리야스뜨기 25단까지 뜬 모습입니다.

2코 고무뜨기 + 꽈배기무늬 1~48단

21 무늬가 들어가는 단을 시작하기 전에 콧수 마커를 바늘에 걸어 시작 위치를 표시합니다.

22 겉뜨기 4코를 뜹니다.

23 안뜨기를 해야 하므로 실을 앞으로 넘깁니다.

24 바늘을 뒤에서 앞으로 넣고 오른쪽 바늘에 실을 바깥쪽에서 안쪽으로 겁니다.

25 구멍으로 실과 바늘을 빼냅니다. (**24~25** 안뜨기) 도안에 따라 5단까지 떠 나갑니다.

26 6단에서 2코 교차뜨기를 해야 하는 부분입니다.

27 왼쪽 바늘의 2코를 꽈배기바늘로 옮깁니다. 콧수 마커는 이제 빼도 좋습니다.

28 왼쪽 위 교차뜨기이므로 꽈배기바늘은 뒤로 넘깁니다.

29 다음 코에 바늘을 넣어 겉뜨기 2코를 뜹니다.

30 뒤에 있던 꽈배기바늘을 앞으로 당겨 겉뜨기 2코를 뜹니다.

31 왼쪽 2코가 위로 올라오며 교차된 모습을 볼 수 있습니다. (**27~31** 2코 왼쪽 위 교차뜨기)

32 도안에 따라 안뜨기 1코, 겉뜨기 2코, 안뜨기 1코를 뜬 다음, 3코 오른쪽 위 교차뜨기를 해야 하는 부분까지 뜹니다.

33 꽈배기바늘에 3코를 옮깁니다. 이번에는 오른쪽 위 교차뜨기이므로 꽈배기바늘을 앞에 둡니다.

34 2코 교차뜨기와 마찬가지로 바늘에 있는 3코를 겉뜨기, 꽈배기바늘에 있는 3코를 겉뜨기하면 3코 오른쪽 위 교차뜨기 완성입니다.

35 도안에 따라 마지막 단까지 뜹니다. 위아래 코를 이어야 하므로 둘레의 3배 정도 여유를 두고 실을 자릅니다.

코와 코 잇기 + 마무리

36 풀어버리는 코잡기에서 사슬뜨기 실의 매듭을 풉니다.

37 실을 잡아당기면 1코씩 풀리는데, 다른 줄바늘로 바로바로 옮깁니다.

> **Tip**
>
> 바늘을 뒤에서 앞으로 넣어 코가 꼬이지 않도록 주의합니다.

38 풀어버린 코를 모두 바늘로 옮긴 모습입니다. 위아래 코가 마주보도록 반으로 접습니다.

39 바늘 ②의 남긴 실에 돗바늘을 꿰어서, 바늘 ①의 첫코에 안뜨기 방향으로 넣습니다.

40 그대로 돗바늘에 옮깁니다.

41 다음 코에는 돗바늘을 겉뜨기 방향으로 넣습니다.

42 마찬가지로 그대로 돗바늘에 옮깁니다.

43 돗바늘을 통과시켜 실을 잡아당기면 위아래 코가 이어집니다.

44 이번에는 바늘 ②에 걸려 있는 2개의 코에 사진과 같이 돗바늘을 넣습니다. 들어가고 나오는 방향에 주의합니다.

45 그대로 돗바늘에 옮깁니다.

46 돗바늘을 통과시켜 실을 잡아당깁니다.

47 39~46을 반복하여 코를 이어 나갑니다.

48 바늘 ②의 마지막 2코에 돗바늘을 넣습니다.

49 돗바늘을 통과시켜 실을 잡아당깁니다.

50 바늘 ①의 마지막 2코에도 돗바늘을 넣습니다.

51 돗바늘을 통과시켜 실을 잡아당깁니다. (**39~51** 코와 코 잇기1)

52 남은 실을 서로 묶습니다.

53 코바늘을 사용하여 남은 실을 안쪽으로 넣습니다.

54 밖으로 나온 실은 가위로 짧게 자릅니다.

55 클래식 꽈배기 넥워머가 완성되었습니다.

Tip 기타 부자재를 활용해 보세요 ···

골드 원형 비즈

실을 사용하여 부착하는 비즈 액세서리입니다. 편물에 포인트를 줄 때 사용합니다.

핸드메이드 가죽 라벨

작품의 완성도를 높이고 싶을 때 사용하면 좋습니다.

04 꽈배기 라인 핸드워머

난이도
★☆☆

완성 크기
약 9×15.5cm

예상 재료비
5,000원

준비물
헤라 울 와인 1볼(=45g)
대바늘 4.5mm, 돗바늘

뜨개 기법

☐ 겉뜨기(86쪽) · DVD 12 ▶

— 안뜨기(87쪽) · DVD 13 ▶

Ω 돌려뜨기(107쪽) · DVD 32 ▶

✕ 오른쪽 위 교차뜨기(99쪽) · DVD 25 ▶

✕ 왼쪽 위 교차뜨기(100쪽) · DVD 26 ▶

Y 오른코 늘리기(96쪽) · DVD 22 ▶

Y 왼코 늘리기(97쪽) · DVD 23 ▶

● 코막음(78쪽) · DVD 08 ▶

Tip 원형뜨기 주의사항 ···

원형뜨기는 편물이 동그랗게 이어지도록 한쪽 방향으로 뜨는 것을 말합니다. 즉, 원형뜨기는 편물의 앞뒤가 바뀌지 않습니다. 도안을 볼 때도 **한쪽 방향으로만 보면서 뜨고**(오른쪽에서 왼쪽으로), **도안의 기호와 동일하게 뜹니다.**

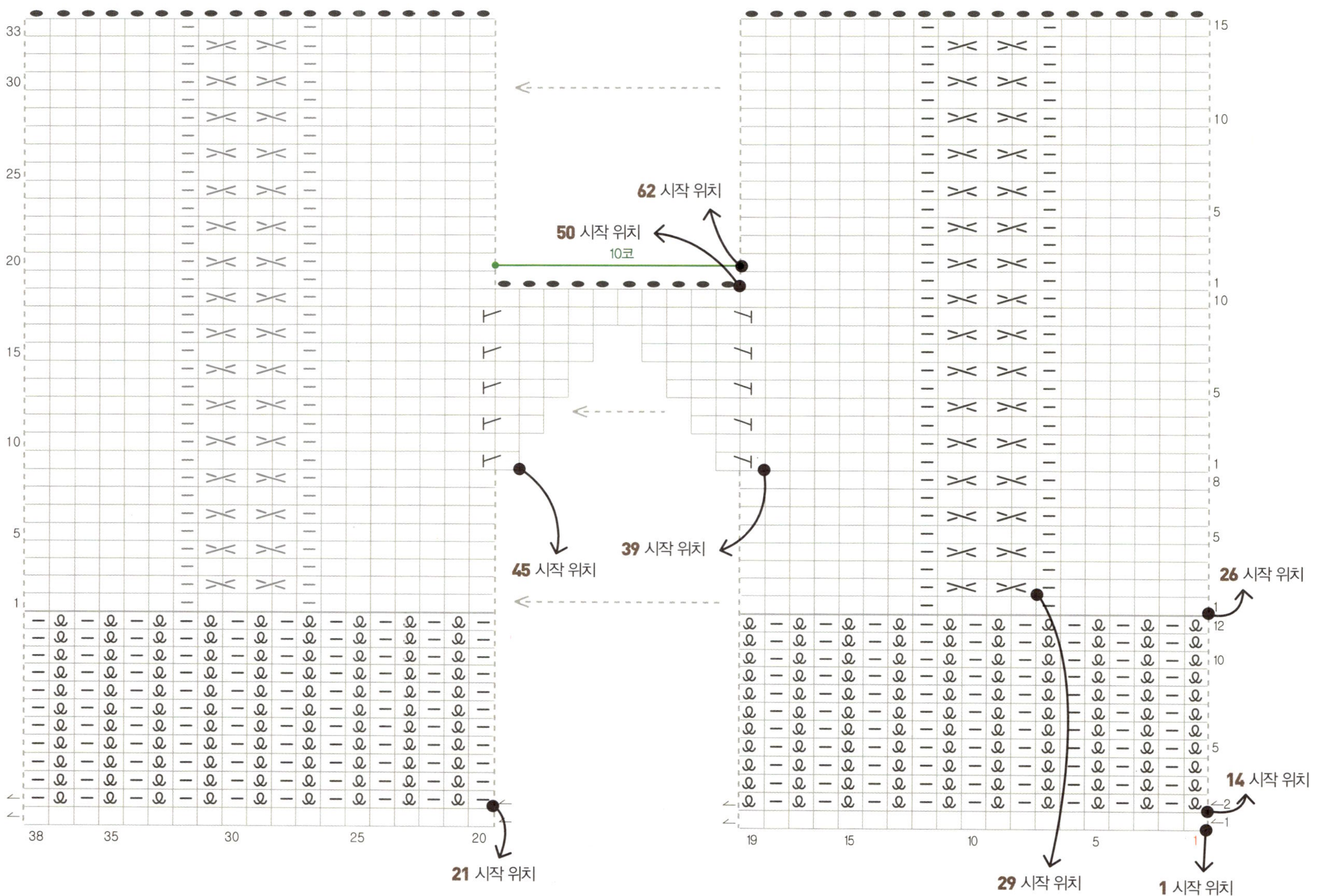

62 시작 위치
50 시작 위치
10코
45 시작 위치
39 시작 위치
26 시작 위치
14 시작 위치
21 시작 위치
29 시작 위치
1 시작 위치

만드는 방법

원형 코잡기 1단

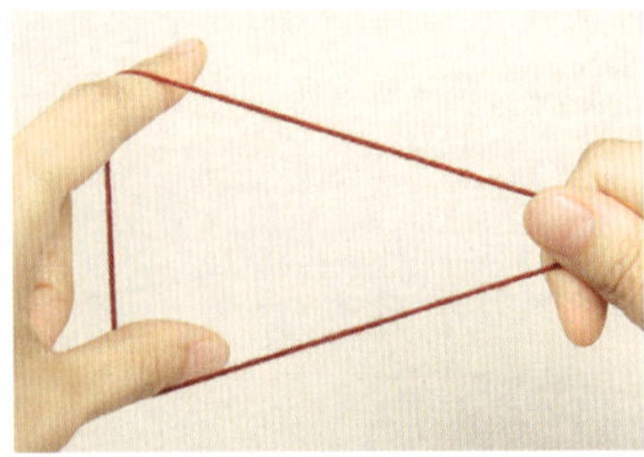

1 핸드워머 둘레(18cm)의 3~4배 여유를 두고 왼손 엄지와 검지에 실을 겁니다. 실 끝은 엄지 쪽에 오도록 합니다.

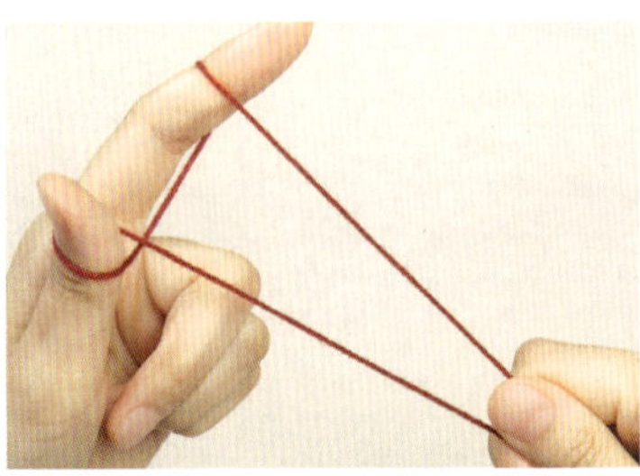

2 왼손을 세워 엄지와 검지에 고리를 만듭니다.

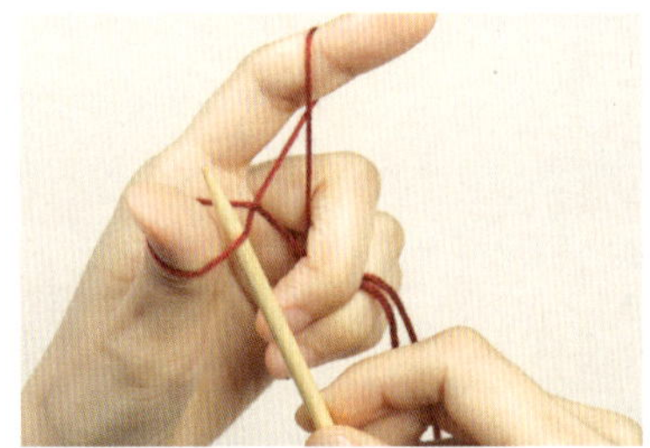

3 엄지 쪽에서 바늘을 아래에서 위로 넣습니다.

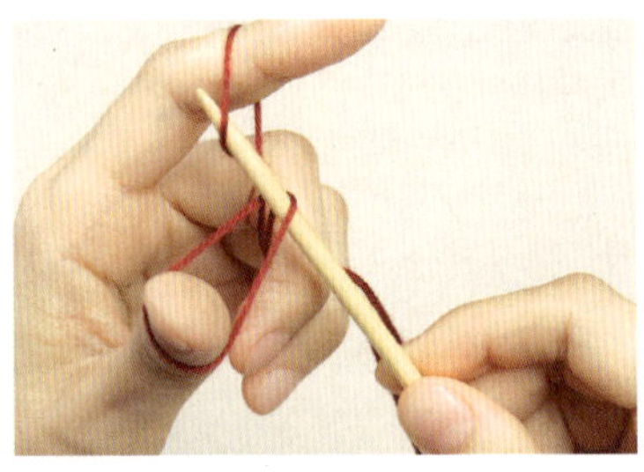

4 그 상태에서 검지에 걸린 고리 안으로 바늘을 넣습니다.

5 검지에 걸린 고리를 엄지에 걸린 고리 안쪽으로 빼냅니다.

6 검지와 엄지를 실에서 빼면서 바늘을 바깥으로 쭉 잡아당깁니다.

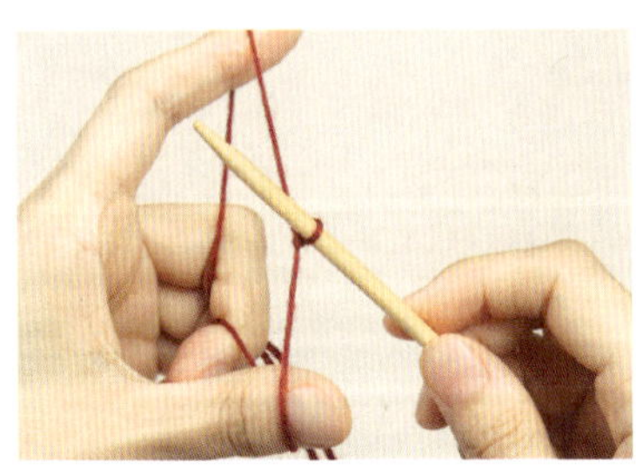

7 실 사이에 손가락을 넣어 잡아당겨 조이면 1코가 완성됩니다. 실 끝이 엄지에 오도록 잡습니다.

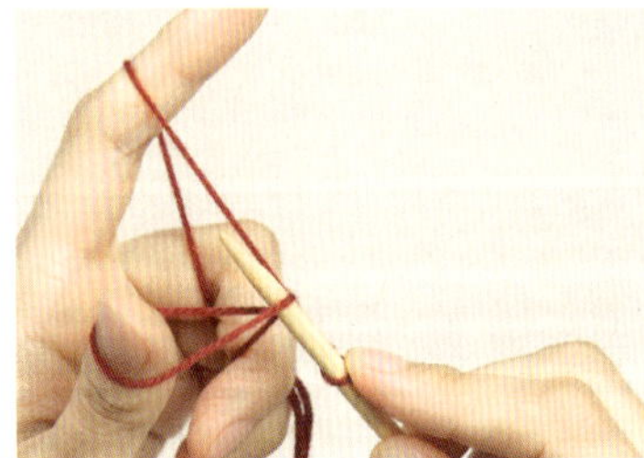

8 두 번째 코부터는 **3~5**를 반복하되, 엄지만 실에서 빼면서 코를 만듭니다.

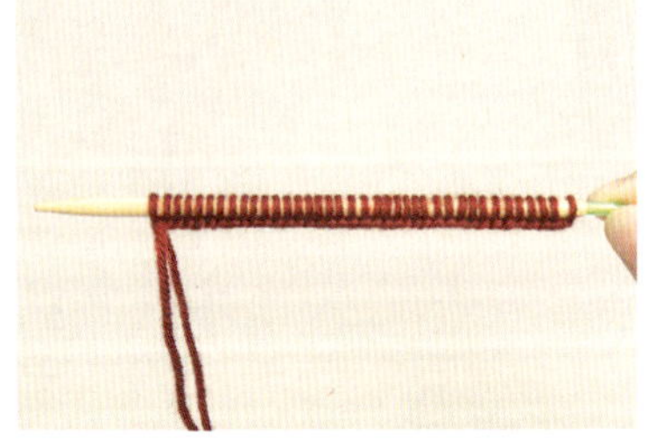

9 38코를 만듭니다.

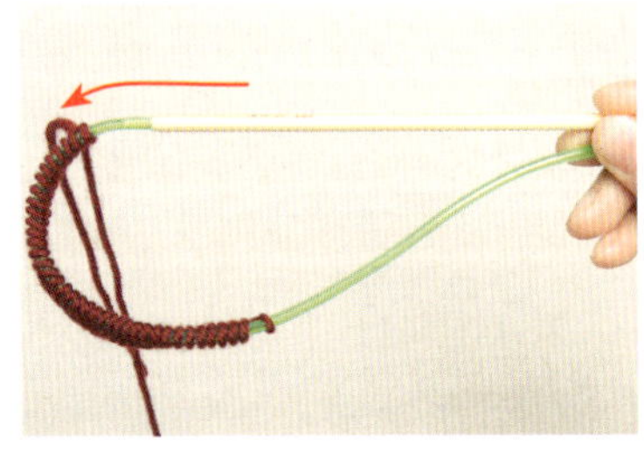

10 코를 줄 쪽으로 밀어 이동시킵니다.

11 줄을 접어 코를 반으로 나눕니다.

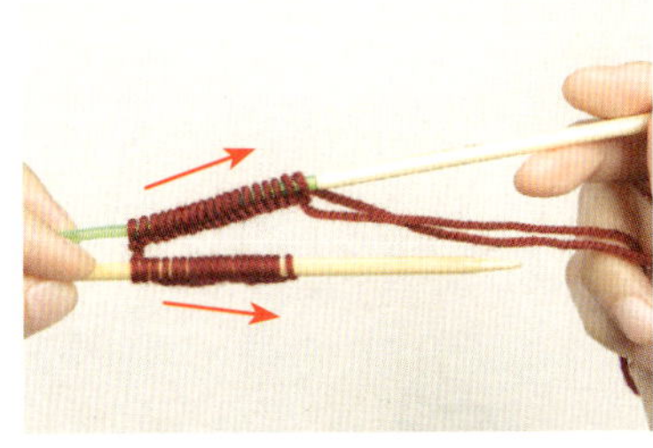

12 나눈 코를 각각의 바늘로 밀어 옮깁
니다.

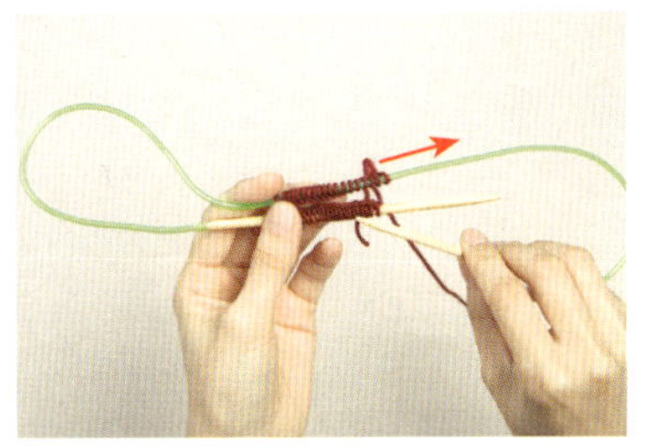

13 위쪽 바늘을 빼냅니다. 이때 나뉜 코
들이 합쳐지지 않도록 왼쪽에 줄을
여유 있게 남깁니다.

손목 부분 2~12단

14 왼쪽 바늘에 있는 첫코에 사진과 같
이 오른쪽 바늘을 앞에서 뒤로 넣습
니다.

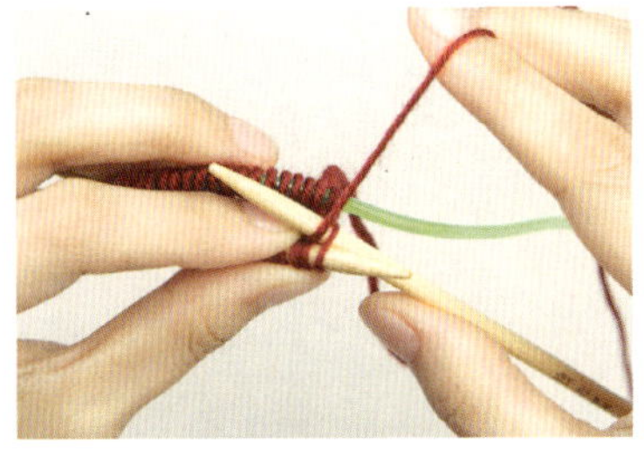

15 오른쪽 바늘에 실을 바깥쪽에서 안쪽
으로 겁니다. 사이가 벌어지지 않도
록 실을 단단히 잡아당깁니다.

16 구멍으로 바늘과 실을 함께 빼냅니
다. (**14~16** 돌려뜨기)

17 안뜨기를 떠야 하므로 실을 앞으로 넘
깁니다.

18 왼쪽 바늘에 걸려 있는 코에 오른쪽
바늘을 뒤에서 앞으로 넣습니다.

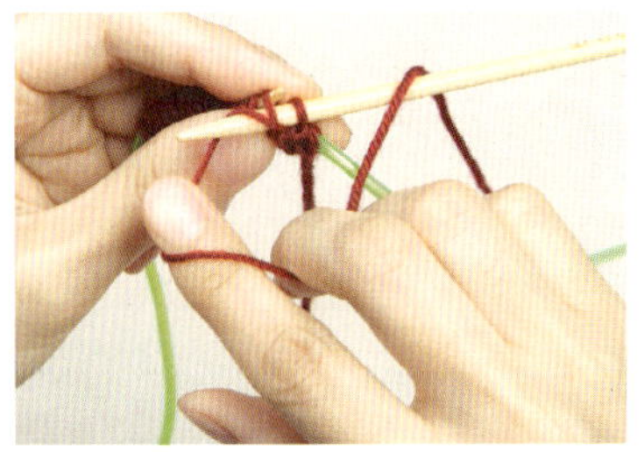

19 실을 바깥쪽에서 안쪽으로 겁니다.

20 구멍으로 바늘과 실을 함께 빼냅니
다. (**18~20** 안뜨기) 돌려뜨기와 안뜨
기를 반복하여 끝까지 뜹니다.

21 계속 원형으로 뜨기 위해 바늘을 뒤
집습니다. 줄에 걸려 있는 코를 아래
쪽 바늘로 밀어 옮깁니다.

22 아래쪽 바늘에 코가 옮겨진 모습입
니다.

23 위쪽 바늘을 빼냅니다.

24 도안에 따라 계속해서 떠 나갑니다.

25 손목 부분 12단까지 완성한 모습입니다.

손등 부분 1~8단

26 왼쪽 바늘 첫코에 오른쪽 바늘을 앞에서 뒤로 넣습니다.

27 실을 바깥쪽에서 안쪽으로 겁니다.

28 구멍으로 바늘과 실을 함께 빼냅니다. (26~28 겉뜨기) 도안에 따라 2단 왼쪽 위 교차뜨기 기호가 있는 곳까지 뜹니다.

29 왼쪽 위 교차뜨기를 해야 하는 곳까지 떴습니다. 아래 단과 같은 무늬인 겉뜨기로 떠야 하므로 실은 뒤로 넘깁니다.

30 왼쪽 바늘에 걸려 있는 1코를 빼서 뒤에서 왼손으로 잡습니다. 꽈배기바늘을 이용해도 좋습니다.

31 왼쪽 바늘의 다음 코를 겉뜨기합니다.

32 뒤에서 왼손으로 잡고 있던 코를 왼쪽 바늘에 옮깁니다.

33 옮긴 코를 겉뜨기합니다. (**30~33** 왼쪽 위 교차뜨기)

34 다음은 오른쪽 위 교차뜨기이므로 왼쪽 바늘에 걸려 있는 1코를 빼서 앞에서 왼손으로 잡습니다.

35 왼쪽 바늘의 다음 코를 겉뜨기합니다.

36 앞에서 왼손으로 잡고 있던 코를 왼쪽 바늘에 옮깁니다.

37 옮긴 코를 겉뜨기합니다. (**34~37** 오른쪽 위 교차뜨기)

38 도안에 따라 엄지 부분이 시작되는 1단 왼코 늘리기 기호가 있는 곳까지 뜹니다.

엄지 뜨기 1~10단

39 왼코 늘리기를 해야 하는 곳까지 떴습니다.

40 왼쪽 바늘의 1코를 겉뜨기합니다.

41 사진과 같이 2단 아래의 코에 왼쪽 바늘을 넣어 끌어올립니다.

42 끌어올린 코에 오른쪽 바늘을 앞에서 뒤로 넣습니다.

43 겉뜨기를 합니다.

44 왼쪽으로 1코가 늘어났습니다. (40~44 왼코 늘리기)

45 뒤집어서 사진과 같이 바늘을 옮깁니다.

46 다음 코는 오른코 늘리기를 해야 합니다. 사진과 같이 1단 아래의 코에 오른쪽 바늘을 넣어 끌어올립니다.

47 끌어올린 코를 그대로 왼쪽 바늘에 옮깁니다.

48 옮긴 코를 겉뜨기합니다. 오른쪽으로 1코가 늘어났습니다. (46~48 오른코 늘리기)

49 도안에 따라 엄지 코막음 기호가 있는 곳까지 뜹니다.

엄지 코막음

50 엄지 코막음을 해야 하는 곳까지 떴습니다.

51 왼쪽 바늘의 2코를 겉뜨기합니다.

52 왼쪽 바늘을 ❷에 넣어 끌어올립니다.

53 ❶을 덮어씌우며 바늘 밖으로 넘깁니다.

54 코막음 1코가 완성되었습니다.

55 다음 1코를 겉뜨기합니다.

56 2코가 되었을 때 **52~54**를 반복하여 코막음합니다.

57 마지막 1코가 남을 때까지 코막음합니다.

58 뒤집어서 마지막 1코를 바늘에서 빼냅니다.

59 코가 풀리지 않게 위쪽 바늘을 빼냅니다.

60 빼낸 코에 바늘을 넣고 계속해서 코막음합니다.

61 엄지 코막음을 완성한 모습입니다.

62 도안에 따라 한 바퀴를 뜨고 다시 엄지 부분입니다.

63 뒤집어서 사진과 같이 바늘을 옮깁니다.

64 왼쪽 바늘의 첫코를 겉뜨기합니다. 엄지 부분에 구멍이 생기지 않도록 실을 잡아당겨 뜹니다.

실 마무리

65 도안에 따라 끝까지 뜬 모습입니다.

66 51~56을 참고하여 마지막 1코가 남을 때까지 코막음합니다.

67 실을 길게 빼서 마무리할 정도만 남기고 자릅니다.

68 남은 실에 돗바늘을 꿰어 첫 번째 코막음을 한 코에 사진과 같이 넣어 통과시킵니다.

69 처음 실이 나왔던 구멍으로 돗바늘을 넣어 통과시키면 코막음 무늬가 자연스럽게 연결됩니다.

70 안쪽에서 감침질하듯 돗바늘을 여러 번 통과시켜 실을 고정합니다.

71 남은 실은 사진과 같이 돗바늘을 통과
시켜 가위로 짧게 자릅니다.

72 꽈배기 라인 핸드워머 오른손이 완성
되었습니다. 도안을 참고하여 왼손도
만들어 봅니다.

이렇게도 만들어 보아요

다른 색상의 실로 뜨거나 배색을 하여 취향에 맞게 핸드워머를 만들어 보세요!

03

코잡기 & 코막음

01 기본 코잡기

가장 기본이 되는 코잡기 방법입니다. 모든 편물 뜨기의 시작이므로 손에 익혀서 익숙해지도록 합니다.

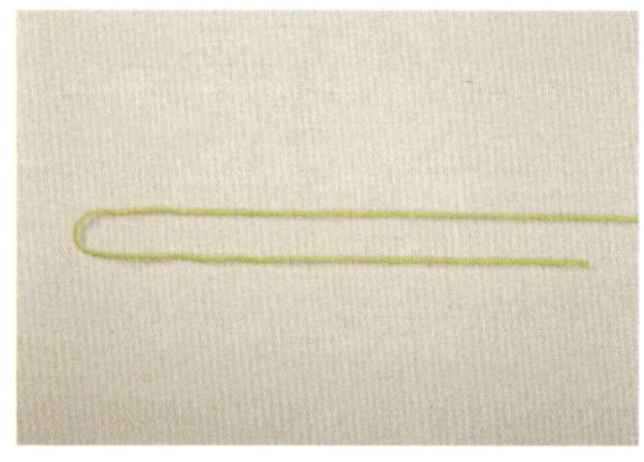

1 떠야 할 편물 폭의 3~4배 정도의 실을 남겨 두고 코잡기를 시작합니다.

2 왼손 엄지와 검지에 실을 겁니다. 실 끝은 엄지에 오도록 합니다.

3 왼손을 세워 엄지와 검지에 고리를 만듭니다.

4 실 아랫부분을 잡아 고정합니다.

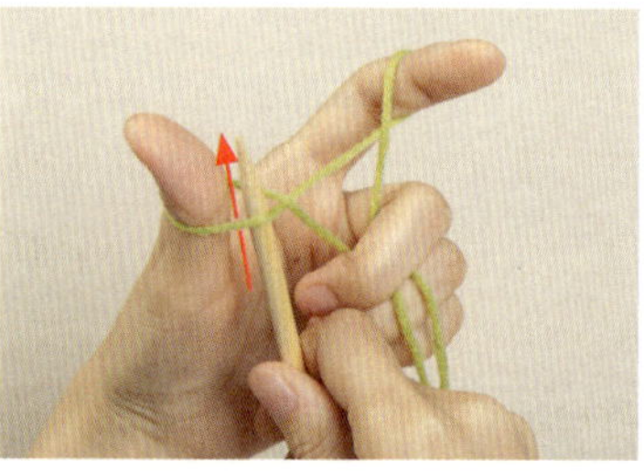

5 엄지 쪽에서 바늘을 아래에서 위로 넣습니다.

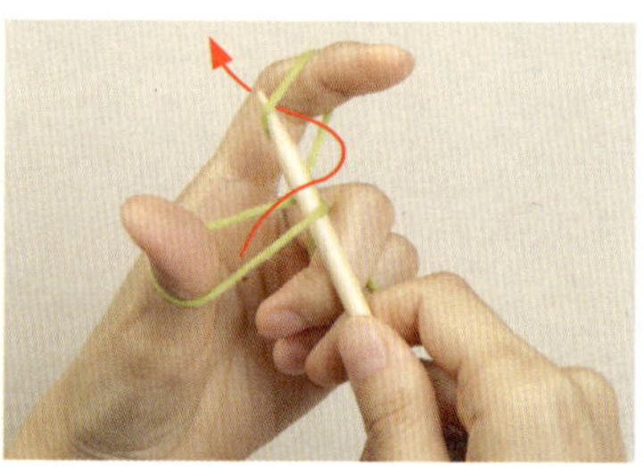

6 검지 쪽에서 바늘을 위에서 아래로 넣습니다.

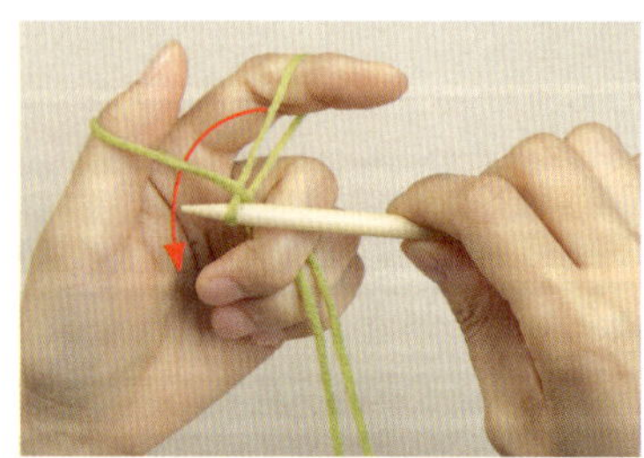

7 엄지 쪽에서 바늘을 빼냅니다.

8 엄지에서 실을 빼냅니다.

9 검지에서도 실을 빼내고 실을 당겨서 조입니다. 1코가 완성되었습니다.

10 짧은 실이 왼손 엄지에 오도록 다시 실을 잡습니다.

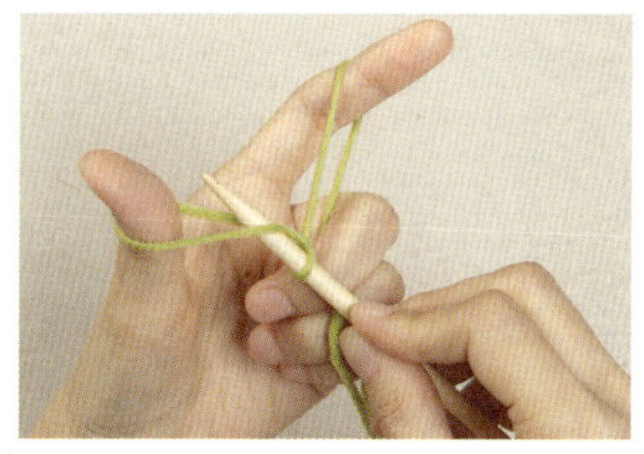 

11 두 번째 코부터는 **5~9**를 반복하되, 엄지만 실에서 빼면서 코를 만듭니다.

12 기본 코잡기가 완성되었습니다.

Tip 손가락으로 기본 코잡기

❶ 실을 동그랗게 말아 고리를 만듭니다.

❷ 사진과 같이 실을 구부립니다.

❸ 실을 고리 사이로 빼냅니다.

❹ 실을 당겨서 조입니다.

❺ 고리를 바늘에 끼웁니다.

❻ 실을 당겨서 조이면 1코가 완성입니다. 62쪽 '기본 코잡기' **5~9**를 반복하여 필요한 콧수를 만듭니다.

02 1코 고무뜨기 코잡기

1코 고무뜨기 무늬와 자연스럽게 연결되는 코잡기 방법입니다. '끌어올려 코잡기'라고도 합니다.

사슬뜨기에서 코줍기

Tip

고무뜨기 코잡기의 경우, 사슬뜨기에 걸려 있는 코를 끌어올려 뜨면 콧수가 늘어나기 때문에, 처음 사슬뜨기 콧수는 특별한 계산법이 필요합니다.

(필요한 콧수÷2)+1=사슬뜨기 콧수
필요한 콧수는 반드시 짝수여야 합니다.

예를 들어 필요한 콧수가 16코라면 계산법에 의해 사슬뜨기는 9코를 뜹니다.

1 콧수를 계산하여 다른 색깔의 보조실로 사슬뜨기를 합니다. (68쪽 Point '코바늘로 사슬뜨기' 참고)

2 사슬뜨기 뒷면 첫 번째 콧등에 바늘을 넣습니다.

3 떠야 할 실을 바늘에 겁니다.

4 구멍 안으로 바늘을 통과시킵니다.

5 1코가 생겼습니다.

6 바로 옆의 콧등에 바늘을 넣습니다.

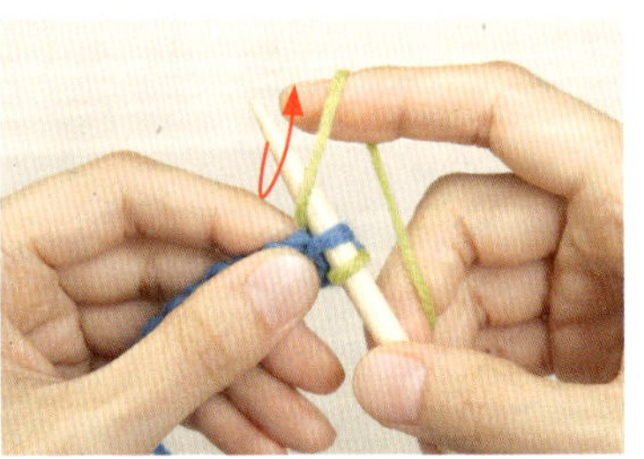

7 실을 바깥쪽에서 안쪽으로 겁니다.

8 구멍 안으로 바늘을 통과시킵니다. 2코가 생겼습니다.

9 6~8을 반복하여 코를 줍습니다.

안뜨기 1단, 겉뜨기 1단

10 뒤집습니다.

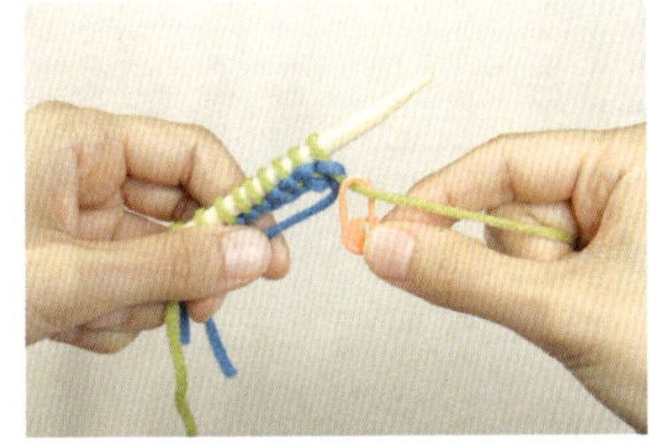

11 나중에 끌어올려 떠야 하므로 실에 단수 마커를 걸어 표시합니다.

12 안뜨기로 1단을 끝까지 뜹니다.

13 뒤집습니다.

14 이번에는 겉뜨기로 1단을 끝까지 뜹니다.

15 안뜨기 1단, 겉뜨기 1단을 완성한 모습입니다.

사슬뜨기에서 끌어올리는 단(처음 1코 안뜨기)

16 뒤집습니다.

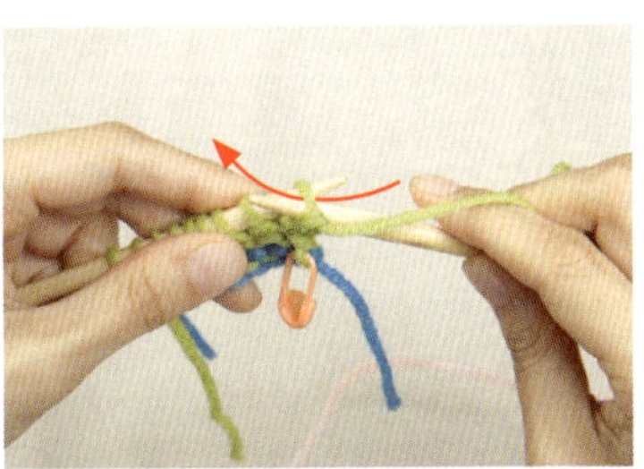

17 바늘을 뒤에서 앞으로 넣습니다.

18 코를 그대로 오른쪽 바늘로 옮깁니다.

19 단수 마커가 걸려 있는 코에 바늘을 넣고 단수 마커는 뺍니다.

20 코를 끌어올립니다.

21 오른쪽 바늘에 걸려 있는 2코 뒤로 왼쪽 바늘을 넣습니다.

22 2코를 한꺼번에 안뜨기합니다.

23 안뜨기한 모습입니다.

사슬뜨기에서 끌어올리는 단
(끌어올려 겉뜨기 1코와 안뜨기 1코 반복)

24 사슬뜨기에 걸려 있는 다음 코에 바늘을 넣습니다.

25 코를 끌어올립니다.

26 코를 그대로 왼쪽 바늘로 옮깁니다.

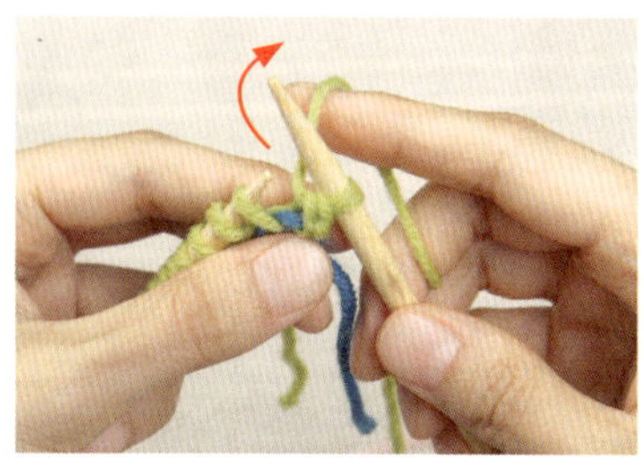

27 겉뜨기를 하기 위해 실을 뒤로 넘깁니다.

28 겉뜨기 1코를 합니다.

29 다음 코는 안뜨기를 하기 위해 실을 앞으로 넘깁니다.

30 안뜨기 1코를 합니다. **24~30**을 반복하여 1코가 남을 때까지 1단을 뜹니다.

사슬뜨기에서 끌어올리는 단(마지막 1코 안뜨기와 마무리)

31 마지막 1코가 남았습니다.

32 코를 오른쪽 바늘에 그대로 옮깁니다.

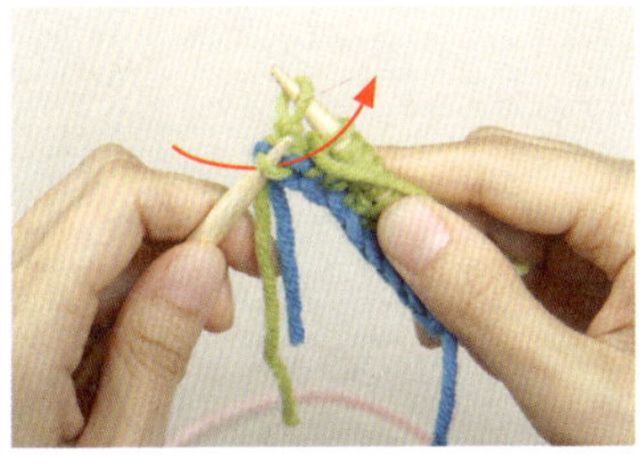

33 왼쪽 바늘로 사슬뜨기에 걸려 있는 코를 끌어올립니다.

34 곧바로 오른쪽 바늘에 있는 코 뒤에 왼쪽 바늘을 넣습니다.

35 2코를 한꺼번에 안뜨기합니다.

36 사슬뜨기에 걸려 있던 코를 모두 끌어올려 뜬 모습입니다.

37 뒤집어서 사슬뜨기의 매듭을 풀어버립니다.

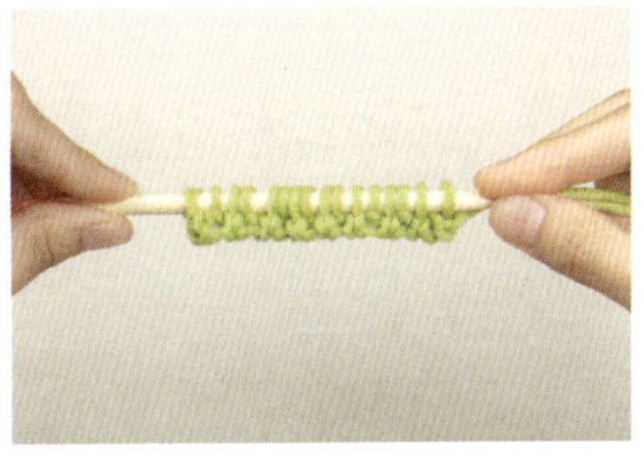

38 1코 고무뜨기 코잡기가 완성되었습니다.

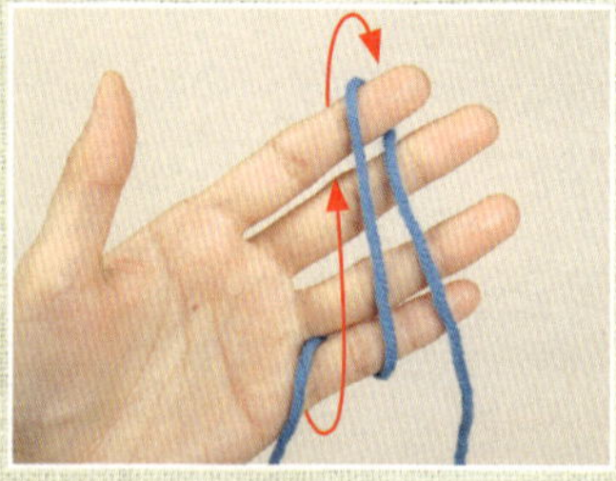

❶ 사진과 같이 왼손에 실을 겁니다.

❷ 엄지와 중지로 실을 잡아 고정합니다.

❸ 코바늘을 오른쪽으로 한 바퀴 돌려 실을 꼬아 줍니다.

❹ 실이 꼬인 모습입니다.

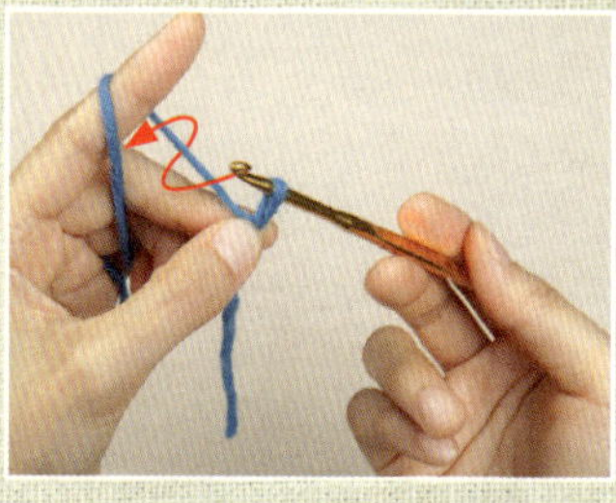

❺ 고리가 풀리지 않도록 교차되는 부분을 엄지와 중지로 잡고, 화살표 방향으로 실에 바늘을 감습니다.

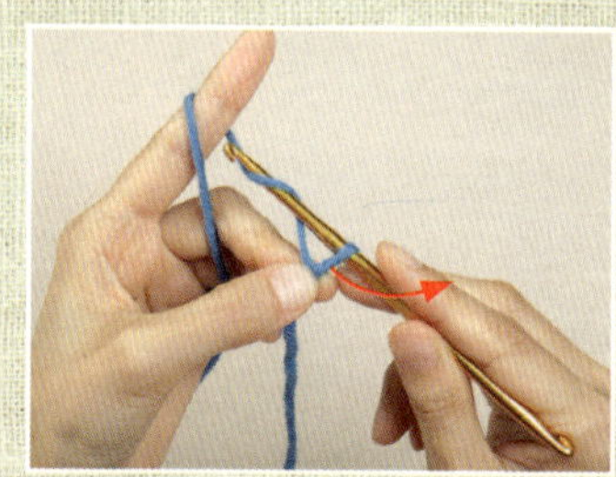

❻ 감은 실을 고리 사이로 빼냅니다.

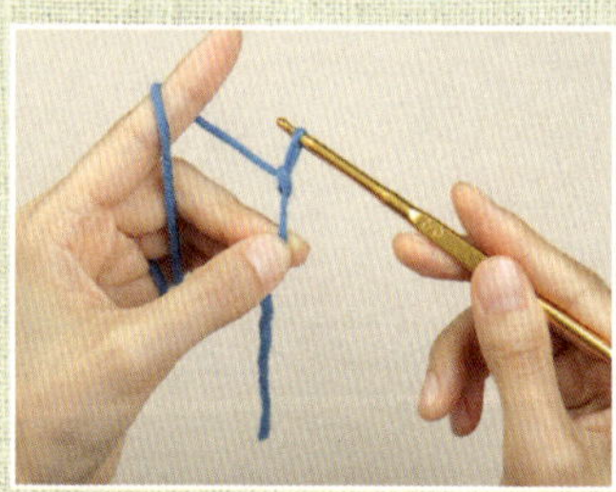

❼ 사슬뜨기의 매듭이 만들어졌습니다.

❽ ❻~❼을 한 번 더 반복하면 사슬뜨기 1코가 완성됩니다.

❾ 계속 반복하여 필요한 콧수만큼 뜹니다.

03 2코 고무뜨기 코잡기

2코 고무뜨기 무늬와 자연스럽게 연결되는 코잡기 방법입니다. '끌어올려 코잡기'라고도 합니다.

사슬뜨기에서 코줍기

> **Tip**
>
> 고무뜨기 코잡기의 경우, 사슬뜨기에 걸려 있는 코를 끌어올려 뜨면 콧수가 늘어나기 때문에, 처음 사슬뜨기 콧수는 특별한 계산법이 필요합니다.
>
> **(필요한 콧수÷2) + 1 = 사슬뜨기 콧수**
> **필요한 콧수는 반드시 '4의 배수 + 2'여야 합니다.**
>
> 예를 들어 필요한 콧수가 14코라면 계산법에 의해 사슬뜨기는 8코를 뜹니다.

1 콧수를 계산하여 다른 색깔의 보조실로 사슬뜨기를 합니다. (68쪽 Point '코바늘로 사슬뜨기' 참고)

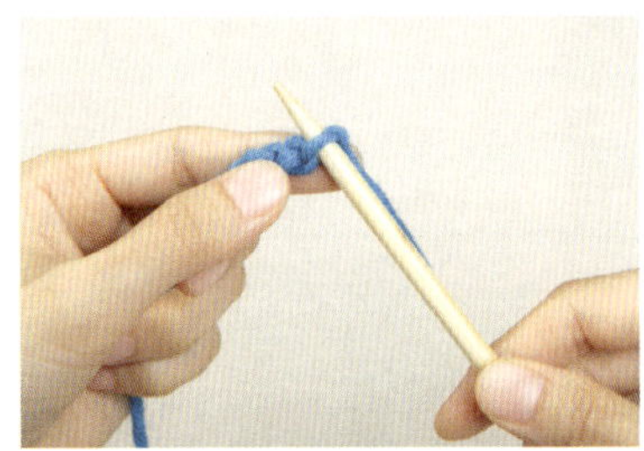

2 사슬뜨기 뒷면 첫 번째 콧등에 바늘을 넣습니다.

3 떠야 할 실을 바늘에 겁니다.

4 구멍 사이로 바늘을 통과시킵니다.

5 1코가 생겼습니다.

6 바로 옆의 콧등에 바늘을 넣습니다.

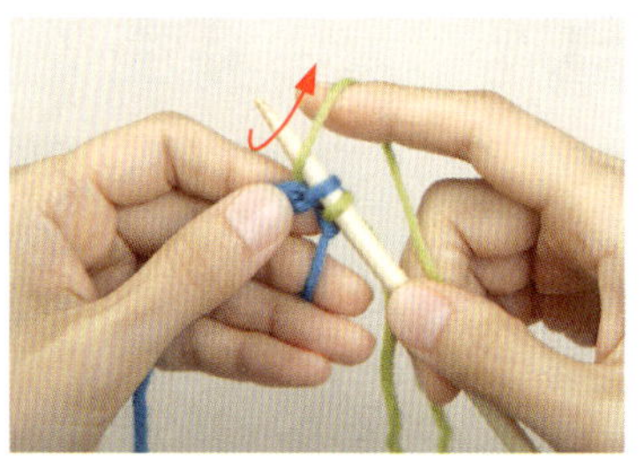

7 실을 바깥쪽에서 안쪽으로 겁니다.

8 구멍 사이로 바늘을 통과시킵니다. 2코가 생겼습니다.

9 6~8을 반복하여 코를 줍습니다.

안뜨기 1단, 겉뜨기 1단

10 뒤집습니다. 나중에 끌어올려 떠야 하므로 실에 단수 마커를 걸어 표시합니다.

11 안뜨기로 1단을 끝까지 뜹니다.

12 뒤집습니다.

13 이번에는 겉뜨기로 1단을 끝까지 뜹니다.

14 안뜨기 1단, 겉뜨기 1단을 완성한 모습입니다.

사슬뜨기에서 끌어올리는 단(처음 2코 안뜨기)

15 뒤집습니다.

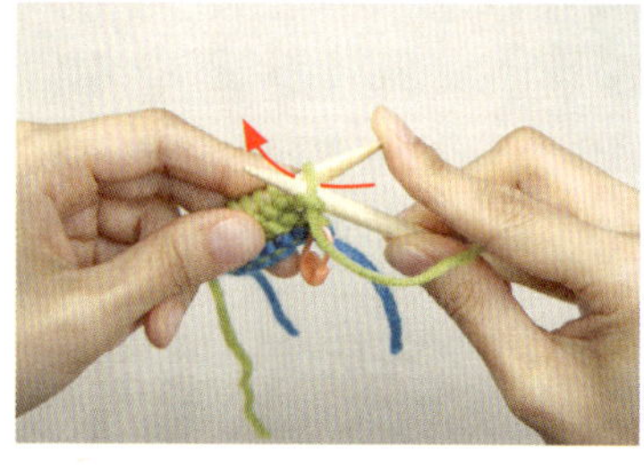

16 바늘을 뒤에서 앞으로 넣습니다.

17 코를 그대로 오른쪽 바늘로 옮깁니다.

18 단수 마커가 걸려 있는 코에 바늘을 넣고 단수 마커는 뺍니다.

19 코를 끌어올립니다.

20 오른쪽 바늘에 걸려 있는 2코 뒤로 왼쪽 바늘을 넣습니다.

21 2코를 한꺼번에 안뜨기합니다.

22 안뜨기한 모습입니다.

23 **16~22**를 반복하여 1코를 더 뜹니다.

사슬뜨기에서 끌어올리는 단
(끌어올려 겉뜨기 2코와 안뜨기 2코 반복)

24 겉뜨기를 하기 위해 실을 뒤로 넘깁니다.

25 사슬뜨기에 걸려 있는 다음 코에 바늘을 넣습니다.

26 코를 끌어올려 왼쪽 바늘로 옮깁니다.

27 겉뜨기 1코를 합니다.

28 겉뜨기 1코를 한 모습입니다.

29 **25~27**을 반복하여 1코를 더 뜹니다.

30 다음 코는 안뜨기를 하기 위해 실을 앞으로 넘깁니다.

31 안뜨기 2코를 합니다.

32 안뜨기 2코를 한 모습입니다.

33 **24~32**를 반복하여 1단을 끝까지 뜹니다.

> **Tip**
>
> 사슬뜨기에 걸려 있는 코는 끌어올려 겉뜨기로 2코, 왼쪽 바늘에 걸려 있는 코는 안뜨기로 2코를 번갈아가며 뜬다고 생각하면 됩니다.

보조실 풀어버리기(마무리)

34 뒤집어서 사슬뜨기의 매듭을 풀어버립니다.

35 2코 고무뜨기 코잡기가 완성되었습니다.

04 원형 코잡기

한쪽 방향으로 동그랗게 이어지는 코잡기 방법입니다. 장갑이나 핸드워머를 만들 때 많이 사용합니다.

1 필요한 콧수만큼 기본 코잡기를 합니다.

2 뒤집습니다.

3 코의 절반 정도를 줄 쪽으로 빼냅니다.

4 줄을 잡아당겨 코 절반을 다른 바늘로 밀어 옮깁니다.

5 위쪽 바늘을 빼내어 도안에 따라 뜨개를 하면 됩니다. 이때 나뉜 코들이 합쳐지지 않도록 왼쪽에 줄을 여유 있게 남깁니다.

6 뜨개를 시작할 때는 사이가 벌어지지 않도록 실을 단단히 잡아당깁니다.

05 풀어버리는 코잡기

다른 색깔의 보조실로 사슬뜨기를 떠서 코를 잡은 다음, 보조실을 풀어내서 밑의 코가 그대로 살아 있게 만드는 방법입니다.

1 다른 색깔의 보조실로 필요한 콧수만 큼 사슬뜨기를 합니다. (68쪽 Point '코 바늘로 사슬뜨기' 참고)

2 사슬뜨기 뒷면을 보면 콧등이 있습니다.

3 첫 번째 콧등에 바늘을 넣습니다.

4 떠야 할 실을 바늘에 겁니다.

5 구멍 안으로 바늘과 실을 빼냅니다.

6 바로 옆의 콧등에 바늘을 넣습니다.

7 실을 바깥쪽에서 안쪽으로 겁니다.

8 구멍 안으로 바늘과 실을 빼냅니다.

9 6~8을 반복하여 1단을 끝까지 뜹니다.

10 뒤집어서 도안이나 무늬를 따라 몇 단을 더 뜹니다.

11 메리야스뜨기로 2단을 뜬 모습입니다.

12 뒤집어서 사슬뜨기의 매듭을 풉니다.

Tip

사슬뜨기를 풀 때는 한꺼번에 다 풀고 바늘을 넣어도 되고, 자신이 없다면 1코씩 풀어 나가면서 바늘을 넣어도 됩니다.

13 사슬뜨기는 한꺼번에 풀지 말고 1~3코씩 천천히 풉니다.

14 살아 있는 코에 다른 바늘을 넣습니다. 코 방향이 꼬이지 않도록 주의합니다. (Point 참고)

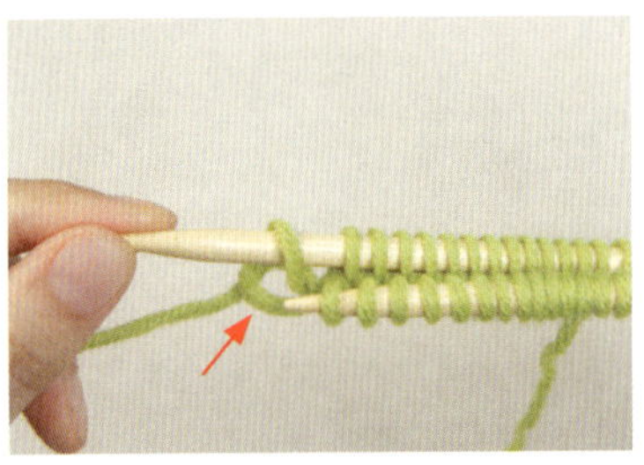

15 13~14를 반복하여 살아 있는 코에 바늘을 넣습니다.

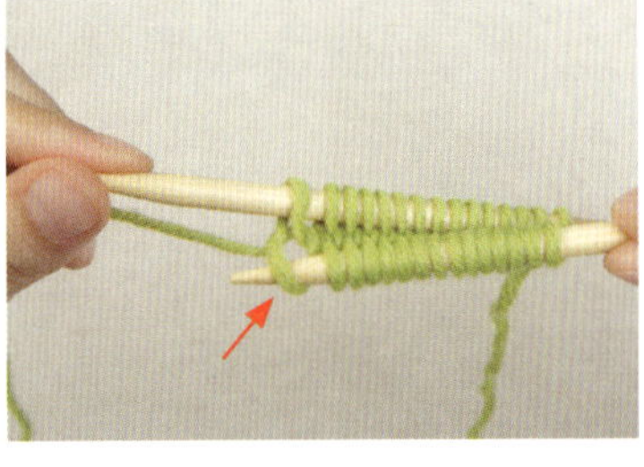

16 15에서 살아 있는 마지막 코에도 바늘을 넣습니다.

17 위아래 코가 모두 살아 있는 풀어버리는 코잡기가 완성되었습니다.

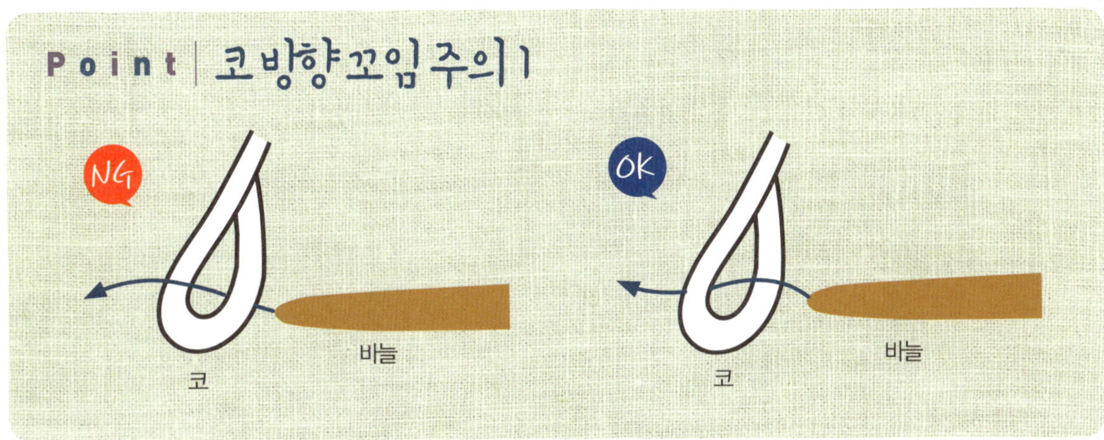

06 단에서 코줍기

별도의 코잡기 과정 없이 편물의 단에서 뜨개를 바로 이어 나갈 때 사용하는 방법입니다.

1 단의 끝코에 바늘을 넣습니다.

2 바늘에 실을 겁니다.

3 구멍 안으로 바늘과 실을 빼냅니다.

4 바로 옆 코에 바늘을 넣습니다.

5 실을 바깥쪽에서 안쪽으로 겁니다.

6 구멍 안으로 바늘과 실을 빼냅니다.

7 **4~6**을 반복하여 1코를 더 뜹니다.

8 3코를 나란히 뜬 모습입니다.

9 이번에는 1코를 건너뛰고 다음 코부터 **4~6**을 반복하여 3코를 뜹니다.

10 3코마다 1코를 건너뛰며 코를 주운 모습입니다.

Tip

단에서 코줍기를 할 때 1코를 건너뛰지 않고 모든 코마다 주우면 편물의 폭이 넓어져서 울 수 있습니다. 편물의 상태에 따라 건너뛰는 코의 간격은 변경할 수 있습니다.

11 도안에 따라 뜨개를 계속해 나갑니다.

07 코에서 코줍기

별도의 코잡기 과정 없이 편물의 코에서 뜨개를 바로 이어 나갈 때 사용하는 방법입니다.

1 끝코의 위치를 확인합니다.

2 끝코에 바늘을 넣습니다.

3 바늘에 실을 겁니다.

4 구멍 안으로 바늘과 실을 빼냅니다.

5 바로 옆 코의 위치를 확인합니다.

6 바늘을 넣습니다.

7 실을 바깥쪽에서 안쪽으로 겁니다.

8 구멍 안으로 바늘과 실을 통과시킵니다.

9 6~8을 반복하여 끝까지 코를 줍습니다.

10 도안에 따라 뜨개를 계속해 나갑니다.

08 기본 코막음(겉뜨기)

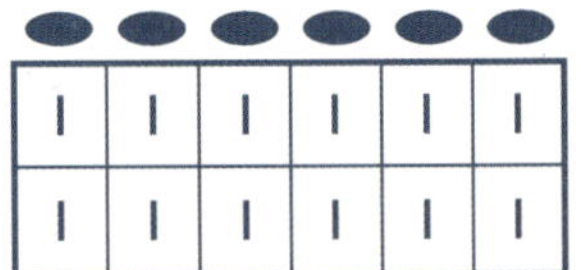

겉뜨기 면에서 편물의 단을 마무리할 때 사용하는 코막음입니다.

1 바늘을 앞에서 뒤로 넣어 겉뜨기 2코를 뜹니다.

2 겉뜨기 2코를 뜬 모습입니다.

3 왼쪽 바늘로 오른쪽 바늘의 뒤에 있는 코를 끌어올립니다.

4 앞에 있는 코를 덮어씌웁니다.

5 코막음 1코가 완성되었습니다. 이어서 겉뜨기 1코와 **3~5**를 반복합니다.

6 기본 코막음이 완성되었습니다.

09 기본 코막음(안뜨기)

안뜨기 면에서 편물의 단을 마무리할 때 사용하는 코막음입니다.

1 바늘을 뒤에서 앞으로 넣어 안뜨기 2코를 뜹니다.

2 안뜨기 2코를 뜬 모습입니다.

3 왼쪽 바늘로 오른쪽 바늘의 뒤에 있는 코를 끌어올립니다.

4 앞에 있는 코를 덮어씌웁니다.

5 코막음 1코가 완성되었습니다. 이어서 안뜨기 1코와 **3~5**를 반복합니다.

6 기본 코막음(안뜨기)이 완성되었습니다.

10 1코 고무뜨기 코막음

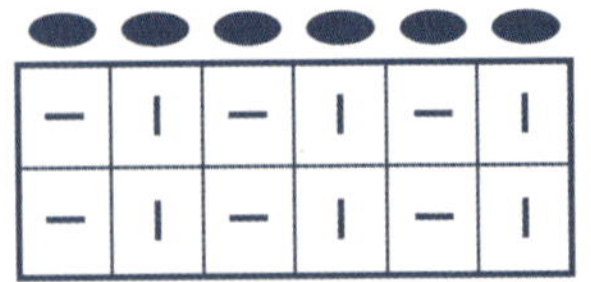

1코 고무뜨기 편물의 단을 마무리할 때 사용하는 코막음입니다.

1 남은 실을 돗바늘에 꿰어 첫코에 넣습니다.

2 그대로 바늘에서 빼냅니다.

3 다음 코도 같은 방법으로 바늘에서 빼냅니다.

4 돗바늘을 통과시킵니다.

5 실이 통과한 겉뜨기 코와 다음 겉뜨기 코에 돗바늘을 넣습니다. (Point 참고)

Point | 겉뜨기 무늬와 안뜨기 무늬 구별방법

바늘에 걸려 있는 고리에 받침이 있으면 안뜨기, 받침이 없으면 겉뜨기입니다.

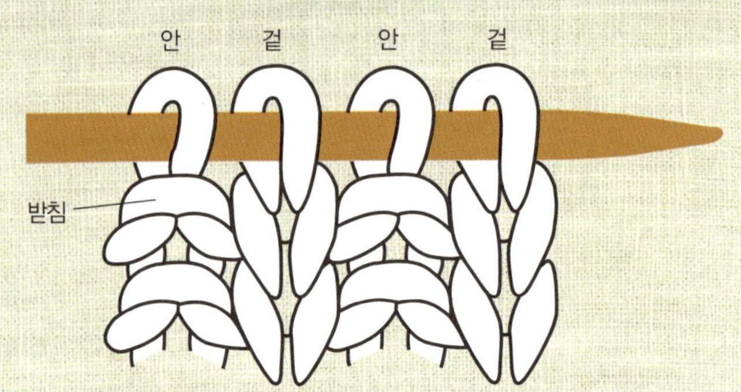

6 그대로 바늘에서 빼냅니다.

7 돗바늘을 통과시킵니다.

8 뒷면이 보이도록 살짝 뒤집어서 실이 통과한 겉뜨기 코와 다음 겉뜨기 코에 돗바늘을 넣습니다(앞면에서 보면 둘 다 안뜨기 코).

9 그대로 바늘에서 빼냅니다.

10 돗바늘을 통과시킵니다.

11 5~10을 반복하여 코막음을 해 나갑니다.

12 끝에서는 사진과 같이 2코에 한 번 더 돗바늘을 통과시켜 마무리합니다.

13 1코 고무뜨기 코막음을 완성하였습니다.

14 위에서 보면 1코 고무뜨기 무늬와 자연스럽게 이어져 있습니다.

11 2코 고무뜨기 코막음

2코 고무뜨기 편물의 단을 마무리할 때 사용하는 코막음입니다.

처음 3코 코막음

> **Tip**
> 돗바늘을 코에 넣을 때 들어가는 방향이 무늬에 따라 바뀌므로 주의하세요.

1 남은 실을 돗바늘에 꿰어 첫 코에 넣습니다.

2 그대로 바늘에서 빼냅니다.

3 다음 코에 뒤에서 앞으로 바늘을 넣습니다.

4 그대로 바늘에서 빼냅니다.

5 돗바늘을 통과시킵니다.

6 실이 통과한 첫 번째 코와 왼쪽 바늘에 걸려 있는 첫 번째 코에 돗바늘을 넣습니다.

7 그대로 바늘에서 빼냅니다.

8 돗바늘을 통과시킵니다.

나머지 코막음

9 실이 통과한 겉뜨기 코와 다음 겉뜨기 코에 돗바늘을 넣습니다(가운데 안뜨기 코는 건너뜁니다).

10 돗바늘을 통과시킵니다.

11 뒷면이 보이도록 살짝 뒤집어서 실이 통과한 겉뜨기 코와 다음 겉뜨기 코에 돗바늘을 넣습니다(앞면에서 보면 둘 다 안뜨기 코).

12 앞면에서 보았을 때 돗바늘을 넣은 모습입니다.

13 돗바늘을 통과시킵니다.

14 코막음한 2코를 왼쪽 바늘에서 빼냅니다.

15 겉뜨기는 겉뜨기끼리, 안뜨기는 안뜨기끼리 연결한다는 것에 주의하며 코막음을 해 나갑니다.

16 끝에서는 사진과 같이 2코에 한 번 더 돗바늘을 통과시켜 마무리합니다.

17 2코 고무뜨기 코막음을 완성하였습니다.

18 위에서 보면 2코 고무뜨기 무늬와 자연스럽게 이어져 있습니다.

12 겉뜨기

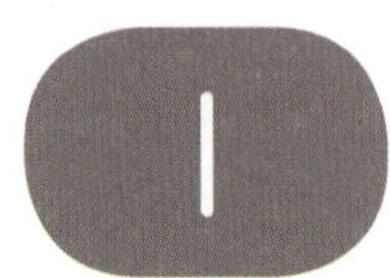

대바늘뜨기의 가장 기본이 되는 뜨개법입니다. 코를 겉으로만 걸어 떠 나가는 방법입니다. 뒷면은 안뜨기 무늬와 같습니다.

1 실을 뒤에 두고 오른쪽 바늘을 앞에서 뒤로 넣습니다.

2 오른쪽 바늘에 실을 바깥쪽에서 안쪽으로 겁니다.

3 구멍 안으로 바늘과 실을 빼냅니다.

4 왼쪽 바늘에 있는 1코는 바깥쪽으로 밀어서 빼냅니다.

5 겉뜨기 1코가 완성되었습니다.

13 안뜨기

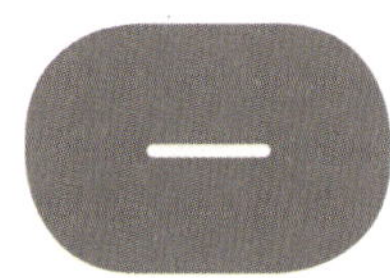

대바늘뜨기의 가장 기본이 되는 뜨개법입니다. 코를 안으로만 걸어 떠 나가는 방법입니다. 뒷면은 겉뜨기 무늬와 같습니다.

1 실을 앞에 두고 오른쪽 바늘을 뒤에서 앞으로 넣습니다.

2 오른쪽 바늘에 실을 바깥쪽에서 안쪽으로 겁니다.

3 구멍 안으로 바늘과 실을 빼냅니다.

4 왼쪽 바늘에 있는 1코는 바깥쪽으로 밀어서 빼냅니다.

5 안뜨기 1코가 완성되었습니다.

14 바늘 비우기

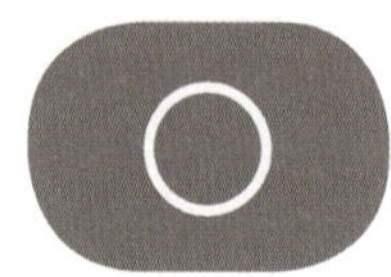

구명을 내는 무늬 중에 하나입니다. 단추 구멍을 만들거나
코를 늘릴 때 사용합니다.

1 바늘비우기를 할 곳까지 뜹니다.

2 오른쪽 바늘에 실을 안쪽에서 걸어 주
면 바늘비우기 완성입니다.

3 도안이나 무늬에 따라 1단을 끝까지
떠 나갑니다.

4 다음 단에서 바늘비우기를 한 곳까지
왔습니다.

5 바늘비우기를 하여 느슨해진 코에도
계속해서 도안이나 무늬에 따라 떠 나
가면 됩니다.

Tip 바늘비우기와 함께 자주 쓰이는 기호

바늘비우기가 있는 도안을 보면 대부분 바늘비우기 기호 옆에 오른코 겹치기(人)나 왼코 겹치기(入)가
함께 있습니다. 왜냐하면 바늘비우기를 하면 1코가 늘어나는데, 오른코 겹치기나 왼코 겹치기로 1코를
줄여 전체 콧수를 유지하기 때문입니다.

15 오른코 겹치기

2코 중에 오른쪽의 코가 왼쪽 위로 겹쳐지면서 1코가 줄어드는 뜨개법입니다.

1 바늘을 앞에서 뒤로 넣습니다.

2 뜨지 않고 그대로 오른쪽 바늘로 옮깁니다.

3 왼쪽 바늘 다음 코에 다시 바늘을 앞에서 뒤로 넣습니다.

4 겉뜨기를 1코 뜹니다.

5 2에서 넘긴 코를 왼쪽 바늘로 끌어올립니다.

6 겉뜨기한 코를 덮어씌웁니다.

7 오른코 겹치기가 완성되었습니다.

16 오른코 겹치기(안뜨기)

편물의 뒷면(안뜨기)에서의 오른코 겹치기를 말합니다.
앞면에서 보면 왼코 겹치기 모양과 같습니다.

1 바늘을 앞에서 뒤로 넣습니다.

2 뜨지 않고 오른쪽 바늘로 옮깁니다.

3 같은 방법으로 1코를 더 옮깁니다.

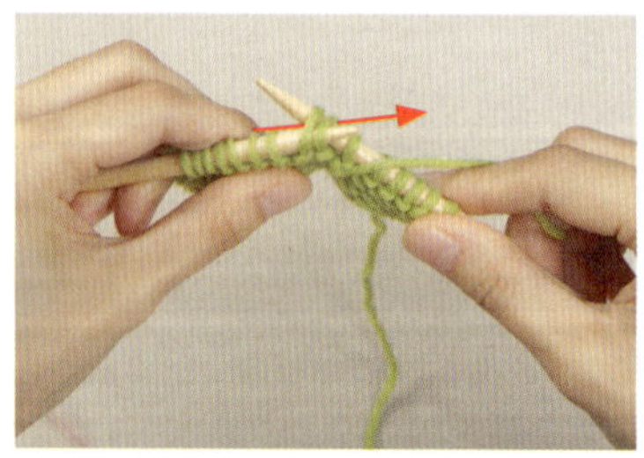

4 오른쪽 바늘에 걸려 있는 2코에 왼쪽 바늘을 사진과 같이 넣습니다.

5 뜨지않고 그대로 왼쪽 바늘로 옮깁니다.

6 왼쪽 바늘에 걸려 있는 2코에 오른쪽 바늘을 사진과 같이 뒤쪽에서 넣습니다.

7 실을 바깥쪽에서 안쪽으로 겁니다.

8 구멍 안으로 바늘과 실을 빼냅니다. 오른코 겹치기(안뜨기)가 완성되었습니다.

17 왼코 겹치기

2코 중에서 왼쪽의 코가 오른쪽 위로 겹쳐지면서 1코가 줄어드는 뜨개법입니다.

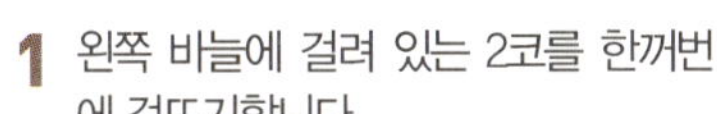

1 왼쪽 바늘에 걸려 있는 2코를 한꺼번에 겉뜨기합니다.

2 왼코 겹치기가 완성되었습니다.

대바늘 손뜨개 작품 맛보기!

'소브레 머플러' 입니다!
만드는 방법은 170쪽에 있어요.

18 왼코 겹치기(안뜨기)

편물의 뒷면(안뜨기)에서의 왼코 겹치기를 말합니다.
앞면에서 보면 오른코 겹치기 모양과 같습니다.

1 왼쪽 바늘에 걸려 있는 2코를 한꺼번에 안뜨기합니다.

2 왼코 겹치기(안뜨기)가 완성되었습니다.

대바늘 손뜨개 작품 맛보기!

'러브 빈 머플러' 입니다!
만드는 방법은 174쪽에 있어요.

19 중심 3코 모아뜨기

가운데 코를 중심으로 3코가 1코로 되면서 2코가 줄어드는 뜨개법입니다.

1 왼쪽 바늘의 2코에 오른쪽 바늘을 앞에서 뒤로 넣습니다.

2 뜨지 않고 2코를 오른쪽 바늘로 옮깁니다.

3 왼쪽 바늘의 다음 1코는 겉뜨기를 합니다.

4 겉뜨기를 한 모습입니다.

5 2에서 넘긴 2코를 왼쪽 바늘로 끌어올립니다.

6 4에서 겉뜨기한 1코를 덮어씌웁니다.

7 중심 3코 모아뜨기가 완성되었습니다.

20 오른쪽 중심 3코 모아뜨기

오른쪽 1코가 왼쪽 2코 위로 겹쳐지면서 2코가 줄어드는
뜨개법입니다.

1 왼쪽 바늘의 1코에 바늘을 앞에서 뒤
로 넣습니다.

2 뜨지 않고 1코를 오른쪽 바늘로 옮깁
니다.

3 왼쪽 바늘의 2코를 한꺼번에 겉뜨기합
니다.

4 겉뜨기를 한 모습입니다.

5 2에서 넘긴 1코를 왼쪽 바늘로 끌어올
립니다.

6 4에서 겉뜨기한 1코를 덮어씌웁니다.

7 오른쪽 중심 3코 모아뜨기가 완성되었
습니다.

21 왼쪽 중심 3코 모아뜨기

왼쪽 1코가 오른쪽 2코 위로 겹쳐지면서 2코가 줄어드는
뜨개법입니다.

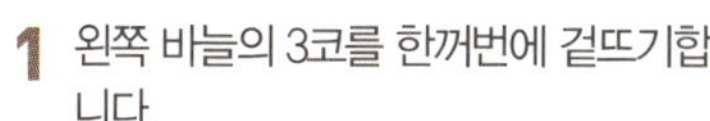

1 왼쪽 바늘의 3코를 한꺼번에 겉뜨기합
니다.

2 왼쪽 중심3코 모아뜨기가 완성되었습
니다.

대바늘 손뜨개 작품 맛보기!

'봉봉 와플 비니' 입니다!
만드는 방법은 178쪽에 있어요

22 오른코 늘리기

코의 오른쪽에서 1코를 늘리는 뜨개법입니다.

1 왼쪽 바늘 코의 1단 아래의 코에 바늘을 넣어 겉뜨기합니다.

2 오른코 늘리기가 완성되었습니다.

대바늘 손뜨개 작품 맛보기!

'달콤한 시간 후드 넥워머' 입니다!
만드는 방법은 189쪽에 있어요.

23 왼코 늘리기

코의 왼쪽에서 1코를 늘리는 뜨개법입니다.

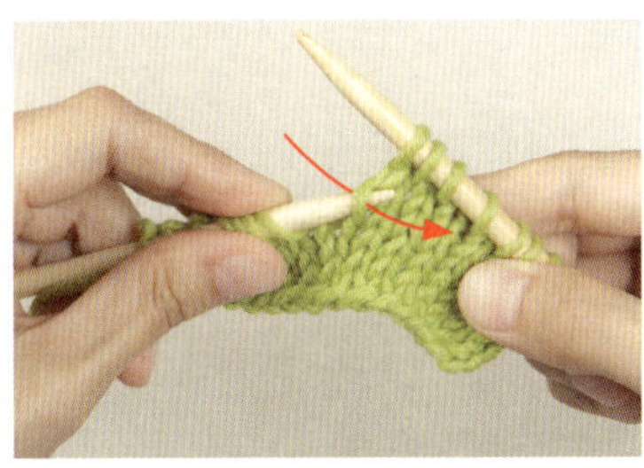

1 오른쪽 바늘 코의 2단 아래의 코에 바늘을 넣습니다.

2 코를 끌어올려 왼쪽 바늘에 겁니다.

3 끌어올린 코에 오른쪽 바늘을 앞에서 뒤로 넣습니다.

4 겉뜨기를 합니다.

5 왼코 늘리기가 완성되었습니다.

24 3코 만들기

1코에서 3코를 만드는 뜨개법입니다.

1 코에 바늘을 앞에서 뒤로 넣습니다.

2 겉뜨기를 합니다. 단, 왼쪽 바늘에 걸려 있는 코(★)는 빼지 말고 그대로 걸어 둡니다.

3 오른쪽 바늘에 실을 바깥쪽에서 안쪽으로 겁니다(바늘비우기).

4 2에서 왼쪽 바늘에 걸어 둔 코에 바늘을 앞에서 뒤로 넣습니다.

5 겉뜨기를 합니다.

6 같은 코에 3코가 만들어졌습니다.

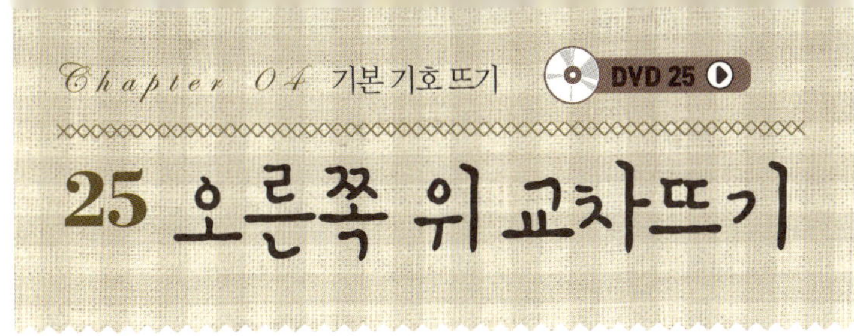

25 오른쪽 위 교차뜨기

2개의 코 중에서 오른쪽 코가 왼쪽 코의 앞으로 올라오면서 위치를 바꿔 주는 뜨개법입니다. 꽈배기무늬를 만들 때 사용합니다.

1 왼쪽 바늘에서 1코를 빼내어 앞쪽에서 엄지로 잡아 고정합니다.

2 왼쪽 바늘 다음 코에 바늘을 앞에서 뒤로 넣습니다.

3 겉뜨기를 합니다.

4 엄지로 잡고 있던 코를 왼쪽 바늘에 넣습니다. 코 방향이 꼬이지 않도록 주의합니다. (Point 참고)

5 왼쪽 바늘의 코를 겉뜨기합니다.

6 오른쪽 위 교차뜨기가 완성되었습니다.

Point | 코 방향 꼬임 주의 2

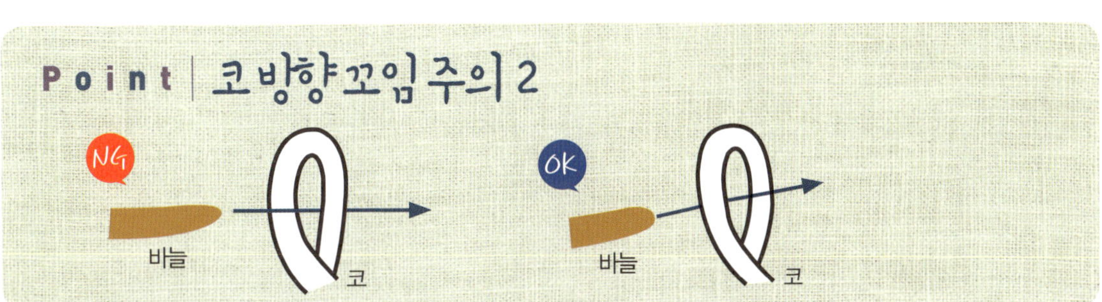

26 오른쪽 위 교차뜨기(왼쪽 안뜨기)

오른쪽 위 교차뜨기를 할 때 왼쪽 코를 안뜨기로 떠야 하는 뜨개법입니다.

1 왼쪽 바늘에서 1코를 빼내어 앞쪽에서 엄지로 잡아 고정합니다.

2 왼쪽 바늘 다음 코에 바늘을 뒤에서 앞으로 넣습니다.

3 안뜨기를 합니다.

4 엄지로 잡고 있던 코를 왼쪽 바늘에 넣습니다.

5 겉뜨기를 해야 하므로 실은 뒤로 넘깁니다.

6 겉뜨기를 합니다.

7 오른쪽 위 교차뜨기(왼쪽 안뜨기)가 완성되었습니다.

27 왼쪽 위 교차뜨기

2개의 코 중에서 왼쪽 코가 오른쪽 코의 앞으로 올라오면서 위치를 바꿔 주는 뜨개법입니다. 꽈배기무늬를 만들 때 사용합니다.

1 왼쪽 바늘에서 1코를 빼내어 뒤쪽에서 엄지와 검지로 잡습니다.

2 왼쪽 바늘의 다음 코에 오른쪽 바늘을 앞에서 뒤로 넣습니다.

3 겉뜨기를 합니다.

4 엄지와 검지로 잡고 있던 코를 왼쪽 바늘에 다시 넣습니다. 코 방향이 꼬이지 않도록 주의합니다.

5 겉뜨기를 합니다.

6 왼쪽 위 교차뜨기가 완성되었습니다.

28 왼쪽 위 교차뜨기(오른쪽 안뜨기)

왼쪽 위 교차뜨기를 할 때 오른쪽 코를 안뜨기로 떠야 하는 뜨개법입니다.

1 왼쪽 바늘에서 1코를 빼내어 뒤쪽에서 엄지와 검지로 잡습니다. 겉뜨기를 떠야 하므로 실은 뒤로 넘깁니다.

2 왼쪽 바늘의 다음 코에 오른쪽 바늘을 앞에서 뒤로 넣습니다.

3 겉뜨기를 합니다.

4 안뜨기를 해야 하므로 실을 앞으로 넘깁니다.

5 엄지와 검지로 잡고 있던 코를 왼쪽 바늘에 넣습니다. 코 방향이 꼬이지 않도록 주의합니다.

6 안뜨기를 합니다.

7 왼쪽 위 교차뜨기(오른쪽 안뜨기)가 완성되었습니다.

29 걸러뜨기

코를 뜨지 않고 그냥 거르는 뜨개법입니다. 편물 중간에 사용하면
무늬가 되며, 머플러 옆선을 예쁘게 만들 때 양옆에 사용합니다.

1 바늘을 뒤에서 앞으로 넣습니다.

2 뜨지 않고 그대로 오른쪽 바늘로 옮기
면 걸러뜨기 완성입니다.

… 대바늘 손뜨개 작품 맛보기! …

'즐거운 생각 핸드워머' 입니다!
만드는 방법은 191쪽에 있어요

30 걸쳐뜨기

걸러뜨기 위에 실을 걸치는 뜨개법입니다.

1 실을 앞에 둡니다.

2 왼쪽 바늘의 코에 바늘을 뒤에서 앞으로 넣습니다.

3 뜨지 않고 그대로 오른쪽 바늘로 넘깁니다.

4 실을 뒤로 넘기면 걸쳐뜨기 완성입니다.

31 끌어올리기(3단)

아래 코를 잡아 올려 뜨는 뜨개법입니다. 보통 3단 끌어올리기를 많이 합니다.

1단 뜨기

1 왼쪽 바늘 코에 오른쪽 바늘을 앞에서 뒤로 넣습니다.

2 뜨지 않고 그대로 오른쪽 바늘로 옮깁니다.

3 오른쪽 바늘에 실을 안쪽에서 바깥쪽으로 한 바퀴 감습니다.

4 다음 코부터는 도안이나 무늬에 따라 단 끝까지 뜹니다.

2단 뜨기

5 편물을 뒤집어서 끌어올리기 부분까지 옵니다.

6 왼쪽 바늘의 2코에 사진과 같이 오른쪽 바늘을 넣습니다.

7 뜨지 않고 그대로 오른쪽 바늘에 옮깁니다.

8 오른쪽 바늘에 실을 바깥쪽에서 안쪽으로 한 번 감습니다.

9 다음 코부터는 도안이나 무늬에 따라 단 끝까지 뜹니다.

3단 뜨기

10 편물을 뒤집어서 끌어올리기 부분까지 옵니다.

11 왼쪽 바늘의 3코를 한꺼번에 겉뜨기 합니다.

12 끌어올리기(3단)가 완성되었습니다.

32 돌려뜨기(=꼬아뜨기)

1코를 돌려서 꼬아진 모습으로 만드는 뜨개법입니다. '꼬아뜨기' 라고도 합니다.

1 왼쪽 바늘의 코에 오른쪽 바늘을 사진과 같이 뒤쪽에서 넣습니다. 이렇게 하면 코의 방향이 꼬입니다.

2 겉뜨기를 합니다.

3 돌려뜨기가 완성되었습니다.

대바늘 손뜨개 작품 맛보기!

'겨울 여행 벙어리 장갑' 입니다!
만드는 방법은 195쪽에 있어요.

33 감아코 만들기

실을 바늘에 감아서 코를 늘리는 뜨개법입니다. 편물의 양쪽 끝에서 2코 이상 늘릴 때 많이 사용합니다.

1 사진과 같이 왼손으로 실을 잡고 화살표 방향으로 바늘을 넣습니다.

2 바늘에 실이 걸리면 검지를 빼냅니다.

3 실을 잡아당깁니다. 감아코가 완성되었습니다.

4 1~3을 반복하여 필요한 콧수만큼 코를 늘립니다.

감아코 만들기를 응용한 '블루베베 머플러'

머플러를 여미는 구멍에 감아코 만들기가 사용되었습니다. 구멍의 폭 만큼 코막음을 하고, 다음 단에서 감아코로 코를 늘려서 만들었습니다. 2코 단추 구멍(144쪽 참고)과 방법이 같습니다.

34 드라이브뜨기

겉뜨기와 비슷한 뜨개법으로, 실을 여러 번 감아서 뜨는 것이 특징입니다. 2번 감는 것이 일반적입니다.

1 오른쪽 바늘을 앞에서 뒤로 넣습니다.

2 실을 바깥쪽에서 안쪽으로 두 번 감습니다. (기호에 쓰여 있는 숫자만큼 감습니다)

3 감은 실을 구멍 안으로 빼냅니다. 드라이브뜨기 완성입니다.

4 뒤집어서 두 번 감긴 코에 사진과 같이 바늘을 뒤에서 앞으로 넣습니다. (도안이나 무늬에 따라 뜹니다)

5 실을 바깥쪽에서 안쪽으로 두 번 감습니다.

6 바늘을 구멍 안으로 통과시킵니다.

7 왼쪽 바늘에 걸려 있는 2코를 빼냅니다.

8 4~7을 반복하여 계속 뜹니다.

35 2코 오른쪽 위 교차뜨기

4개의 코 중에서 오른쪽 2코가 왼쪽 2코의 앞으로 올라오면서 위치를 바꿔 주는 뜨개법입니다. 꽈배기무늬를 만들 때 사용합니다.

1 왼쪽 바늘의 2코를 꽈배기바늘로 옮깁니다.

2 꽈배기바늘을 앞에 둡니다. 겉뜨기를 해야 하므로 실은 뒤로 넘깁니다.

3 왼쪽 바늘의 2코를 겉뜨기합니다.

4 2코 겉뜨기를 한 모습입니다.

5 꽈배기바늘에 걸려 있는 2코를 겉뜨기합니다.

6 2코 오른쪽 위 교차뜨기가 완성되었습니다.

Tip 2코 왼쪽 위 교차뜨기

2코 왼쪽 위 교차뜨기를 하는 경우에는 꽈배기바늘을 뒤에 둡니다.

36 3코 오른쪽 위 교차뜨기

6개의 코 중에서 오른쪽 3코가 왼쪽 3코의 앞으로 올라오면서 위치를 바꿔 주는 뜨개법입니다. 꽈배기무늬를 만들 때 사용합니다.

1 왼쪽 바늘의 3코를 꽈배기바늘로 옮깁니다.

2 꽈배기바늘을 앞에 둡니다. 겉뜨기를 해야 하므로 실은 뒤로 넘깁니다.

3 왼쪽 바늘의 3코를 겉뜨기합니다.

4 3코 겉뜨기를 한 모습입니다.

5 꽈배기바늘에 걸려 있는 3코를 겉뜨기합니다.

6 3코 오른쪽 위 교차뜨기가 완성되었습니다.

Tip 3코 왼쪽 위 교차뜨기

3코 왼쪽 위 교차뜨기를 하는 경우에는 꽈배기바늘을 뒤에 둡니다.

기본편물 뜨기

37 가터뜨기

편물의 앞면에서 보았을 때 겉뜨기 1단, 안뜨기 1단이 번갈아 나타나는 뜨개법입니다.

1 첫코에 바늘을 앞에서 뒤로 넣습니다.

2 실을 바깥쪽에서 안쪽으로 겁니다.

3 실과 함께 바늘을 구멍 안으로 통과시킵니다. 겉뜨기 1코를 떴습니다.

4 1~3을 반복하여 겉뜨기로 1단을 끝까지 뜹니다.

5 뒤집어서 1~3과 같이 겉뜨기로 뜹니다. 안뜨기로 뜨지 않도록 주의합니다. (Point 참고)

6 겉뜨기로 짝수 단을 끝까지 뜬 모습입니다. 1~6을 반복하여 남은 단도 계속해서 뜹니다.

Point | 도안의 기호 보는 방법

위의 과정에 따르면 모든 단을 겉뜨기만 하여 완성했지만 도안에는 겉뜨기 1단, 안뜨기 1단이 교대로 반복되어 있습니다. 왜 그럴까요? 일단, 겉뜨기의 뒷면은 안뜨기라는 것을 아시죠? 도안은 편물의 앞면에서 보았을 때의 무늬를 보여줍니다. 따라서 진행 방향에서 되돌아오는 짝수 단은 앞면에서 보았을 때 안뜨기 무늬가 나와야 하기 때문에 겉뜨기를 떠야 합니다.

대바늘 손뜨개 작품 맛보기!

'예감 좋은 날 오픈 베스트'입니다!
만드는 방법은 203쪽에 있어요

38 메리야스뜨기

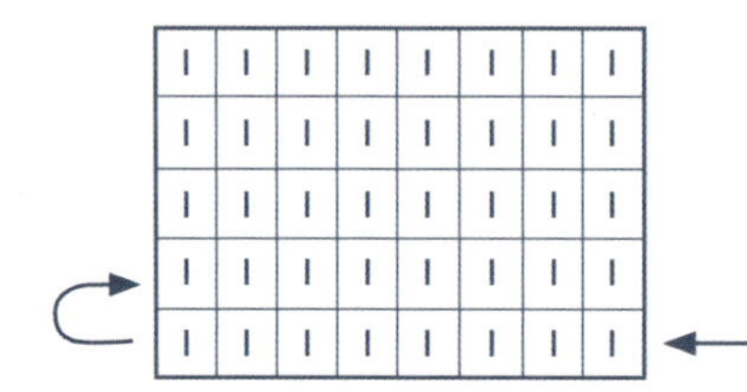

편물의 앞면에서 보았을 때 겉뜨기 무늬가 반복해서 나타나는 뜨개법입니다.

Tip

홀수 단(1단, 3단, 5단…)은 편물의 앞면에서 뜨는 단이고, 짝수 단(2단, 4단, 6단…)은 편물의 뒷면에서 뜨는 단을 말합니다.

1 홀수 단 첫코에 바늘을 앞에서 뒤로 넣습니다.

2 실을 바깥쪽에서 안쪽으로 겁니다.

3 실과 함께 바늘을 구멍 안으로 통과시킵니다. 겉뜨기 1코를 떴습니다.

4 반복하여 겉뜨기로 끝까지 뜹니다.

5 뒤집어서 짝수 단은 안뜨기로 떠야 하므로 첫코에 바늘을 뒤에서 앞으로 넣습니다. 겉뜨기를 뜨지 않도록 주의합니다. (114쪽 Point 참고)

6 실을 바깥쪽에서 안쪽으로 겁니다.

7 실과 함께 바늘을 구멍 안으로 통과시 킵니다. 안뜨기 1코를 떴습니다.

8 반복하여 안뜨기로 짝수 단을 끝까지 뜹니다. **1~8**을 반복하여 남은 단도 계속해서 뜹니다.

Tip 메리야스뜨기의 뒷면(=안메리야스뜨기) ···

겉뜨기의 뒷면은 안뜨기와 모양이 같습니다. 따라서 메리야스뜨기의 뒷면은 안뜨기만 나타납니다.

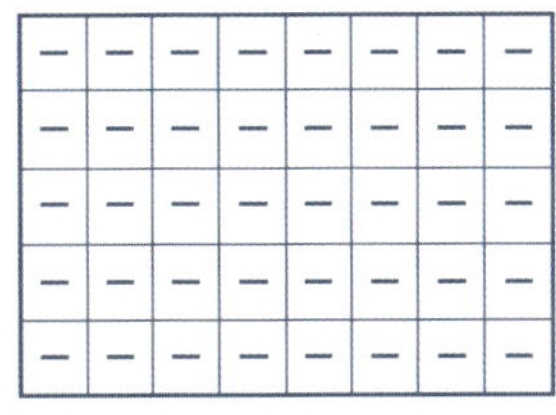

메리야스뜨기를 응용한 '그레이 뮤직 머플러'

39 1코 고무뜨기

편물의 앞면에서 보았을 때 겉뜨기 1코와 안뜨기 1코가 번갈아
나타나는 뜨개법입니다.

1 홀수 단 첫코에 바늘을 앞에서 뒤로 넣고 실을 바깥쪽에서 안쪽으로 겁니다.

2 실과 함께 바늘을 구멍 안으로 통과시킵니다. 겉뜨기 1코를 떴습니다. (도안에 따라 안뜨기를 먼저 하는 경우도 있습니다)

3 다음 코는 안뜨기로 떠야 하므로 실을 앞에 둡니다.

4 다음 코에 바늘을 뒤에서 앞으로 넣습니다.

5 실을 바깥쪽에서 안쪽으로 겁니다.

6 실과 함께 바늘을 구멍 안으로 통과시킵니다. 안뜨기 1코를 떴습니다.

7 1~6을 반복하여 홀수 단을 끝까지 뜹니다.

8 뒤집어서 짝수 단을 뜰 때는 바늘에 걸려 있는 고리 모양을 잘 보고 겉뜨기 무늬에는 겉뜨기로, 안뜨기 무늬에는 안뜨기로 뜹니다. (Point 참고)

Point | 겉뜨기 무늬와 안뜨기 무늬 구별 방법

바늘에 걸려 있는 고리에 받침이 있으면 안뜨기 무늬, 받침이 없으면 겉뜨기 무늬입니다.

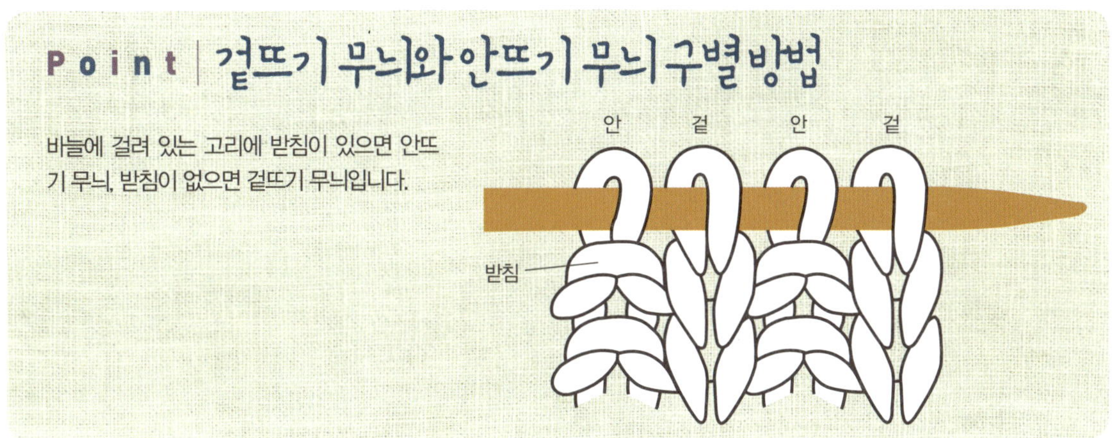

1코 고무뜨기를 응용한 '추억여행 넥워머'

40 2코 고무뜨기

편물의 앞면에서 보았을 때 겉뜨기 2코와 안뜨기 2코가 번갈아
나타나는 뜨개법입니다.

1 홀수 단 처음 2코를 겉뜨기합니다.
(도안에 따라 안뜨기를 먼저 하는 경우도
있습니다)

2 겉뜨기 2코를 뜬 모습입니다.

3 다음 코는 안뜨기로 떠야 하므로 실을
앞에 둡니다.

4 다음 2코를 안뜨기합니다.

5 안뜨기 2코를 뜬 모습입니다.

6 1~5를 반복하여 홀수 단을 끝까지 뜹
니다.

7 뒤집어서 짝수 단을 뜰 때는 바늘에
걸려 있는 고리 모양을 잘 보고 겉뜨
기 무늬에는 겉뜨기로, 안뜨기 무늬에
는 안뜨기로 뜹니다. (119쪽 Point 참고)

41 멍석뜨기

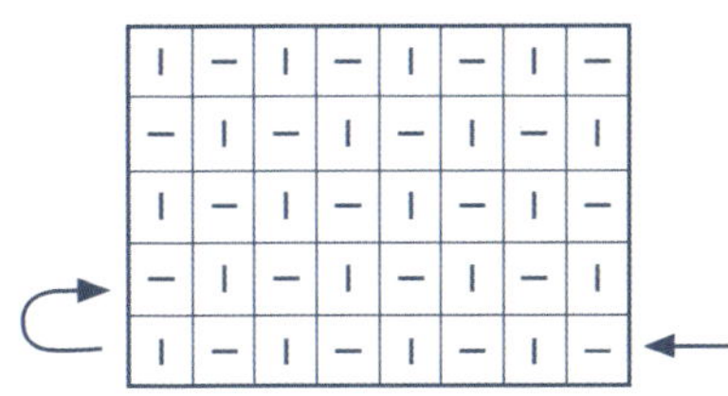

편물의 앞면에서 보았을 때 겉뜨기 1코와 안뜨기 1코가 지그재그로
번갈아 나타나는 뜨개법입니다.

1 홀수 단 첫코를 겉뜨기합니다.

2 겉뜨기 1코를 뜬 모습입니다.

3 다음 코는 안뜨기로 떠야 하므로 실을
앞에 둡니다.

4 다음 코를 안뜨기합니다.

5 안뜨기 1코를 뜬 모습입니다.

6 **1~5**를 반복하여 홀수 단을 끝까지 뜹
니다.

7 뒤집어서 짝수 단을 뜰 때는 바늘에
걸려 있는 고리 모양을 잘 보고 안뜨
기 무늬에는 겉뜨기로, 겉뜨기 무늬에
는 안뜨기로 뜹니다. (119쪽 Point 참고)

42 1코 2단 멍석뜨기

편물의 앞면에서 보았을 때 겉뜨기 1코와 안뜨기 1코가 2단마다
지그재그로 번갈아 나타나는 뜨개법입니다.

홀수 단

1 홀수 단 첫코를 겉뜨기합니다.

2 겉뜨기 1코를 뜬 모습입니다.

3 다음 코는 안뜨기로 떠야 하므로 실을
앞에 둡니다.

4 다음 코를 안뜨기합니다.

5 안뜨기 1코를 뜬 모습입니다. **1~5**를
반복하여 단의 끝까지 뜹니다.

짝수 단

6 뒤집어서 짝수 단은 도안 기호와 반대로 뜹니다. 바늘에 걸려 있는 고리 모양을 잘 보고 안뜨기 무늬에는 안뜨기, 겉뜨기 무늬에는 겉뜨기로 똑같이 뜨면 됩니다. (119쪽 Point 참고)

7 첫코가 안뜨기 모양이므로 안뜨기를 뜹니다.

8 안뜨기 1코를 뜬 모습입니다.

9 다음 코는 겉뜨기를 떠야 하므로 실을 뒤쪽에 둡니다.

10 겉뜨기를 뜹니다.

11 겉뜨기 1코를 뜬 모습입니다. **7~11**을 반복하여 단의 끝까지 뜹니다.

홀수 단

12 뒤집어서 홀수 단은 도안 기호와 똑같이 뜹니다.

13 바늘에 걸려 있는 고리 모양과 반대로 뜨면 됩니다.

14 안뜨기 1코를 뜬 모습입니다.

15 도안 기호대로 홀수 단을 끝까지 뜹니다. 남은 단도 짝수 단, 홀수 단에 주의해서 같은 방법으로 떠 나갑니다.

43 양면 변형 고무뜨기

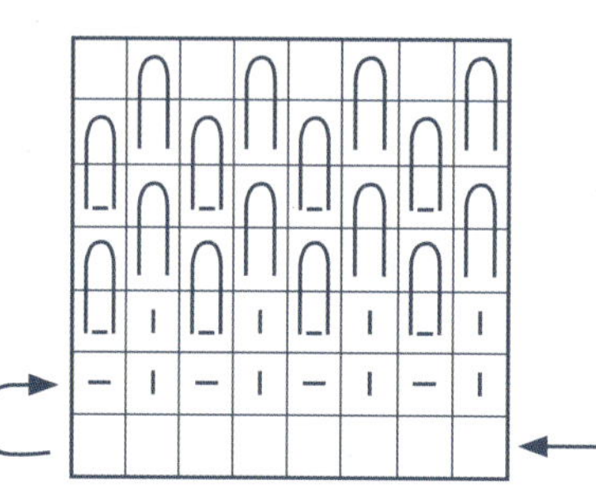

1 코를 잡아서 1코 고무뜨기 1단을 떴습니다.

> ### Tip
> 코를 잡고 바로 양면 변형 고무뜨기를 시작할 때는 3의 배수로 코를 잡는데, 위의 도안처럼 1코 고무뜨기를 1단 뜨고 시작할 때는 2의 배수로 코를 잡습니다.

2 뒤집어서 바늘을 뒤에서 앞으로 넣습니다.

3 뜨지 않고 오른쪽 바늘로 그대로 옮깁니다.

4 실을 앞에 두고 다음 코에 바늘을 앞에서 뒤로 넣습니다.

5 겉뜨기를 합니다.

6 실을 앞에 두고 떠서 고리 1개가 늘어난 모습입니다(①). 고리는 코에 포함되지 않으며, 끌어올려 다음 단에서 두 번째 코(②)와 한꺼번에 뜰 것이므로 전체 콧수는 늘어나지 않습니다.

7 2~6을 반복하여 단을 끝까지 뜹니다.

8 뒤집어서 바늘을 뒤에서 앞으로 넣습니다.

9 뜨지 않고 오른쪽 바늘로 그대로 옮깁니다.

10 실을 앞에 그대로 둔 채, 다음 코(고리 1개 ① + 코 1개 ②)에 겉뜨기 방향으로 바늘을 넣습니다.

11 앞에 둔 실을 그대로 오른쪽 바늘에 걸어 한꺼번에 걸뜨기합니다.

12 실을 앞에 두고 떠서 고리 1개가 늘어났지만(②), 고리는 코에 포함되지 않으므로 총 2코(①+③)로 보는 것이 맞습니다.

13 2~12를 반복하여 단을 계속해서 뜹니다.

양면 변형 고무뜨기를 응용한 '소울메이트 머플러'

44 가로 배색

1 배색할 실을 묶습니다.

2 첫코에 바늘을 넣고 도안에 따라 뜹니다.

3 겉뜨기 1단, 안뜨기 1단을 반복하여 메리야스뜨기로 4단을 떴습니다. (116쪽 메리야스뜨기 참고)

4 뒤집어서 두 가닥의 실을 교차시켜 떠야 할 실(연두색 실)을 올려 줍니다.

Tip

두 가닥의 실을 교차시켜 한 번 꼬아 주면 배색하는 실들이 길게 늘어지지 않고 깔끔하게 정리가 됩니다.

5 첫코에 바늘을 넣고 도안에 따라 계속해서 뜹니다. 실을 걸 때는 4단의 길이만큼 여유를 두고 겁니다.

6 가로 배색이 완성되었습니다.

7 뒤집어서 보면 배색한 2개의 실이 세로로 연결되어 있는 모습을 볼 수 있습니다.

가로 배색을 응용한 '처음 그 느낌 머플러'

45 세로 배색

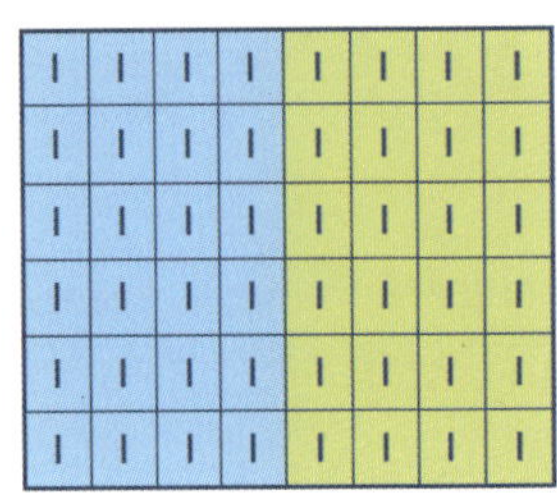

1 배색할 실을 묶습니다.

2 첫코에 바늘을 넣고 도안에 따라 뜹니다.

3 1단을 끝까지 떴습니다.

4 뒤집어서 계속 도안에 따라 떠 나갑니다.

5 두 가닥의 실을 교차시켜 떠야 할 실 (연두색 실)을 올려 줍니다.

Tip

두 가닥의 실을 교차시켜 한 번 꼬아 주면 배색하는 실들이 길게 늘어지지 않고 깔끔하게 정리가 됩니다.
특히 세로 배색에서는 서로 교차하여 꼬아 주지 않으면 세로로 구멍이 생길 수 있습니다.

6 도안에 따라 계속해서 뜹니다.

7 세로 배색이 완성되었습니다.

8 뒤집어서 보면 배색한 2개의 실이 세로로 연결되어 있는 모습을 볼 수 있습니다.

세로 배색을 응용한 '키스 엣지 넥워머'

46 걸쳐서 배색

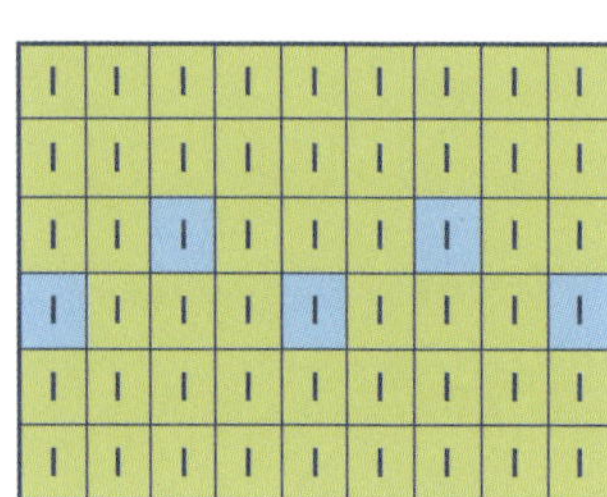

1 연두색 실 3코마다 파란색 실 1코를 걸쳐서 배색하여 눈꽃무늬를 만들어 보겠습니다.

2 배색할 실을 묶습니다.

3 도안에 따라 뜹니다.

4 다른 색 실로 뜰 때는 두 가닥의 실을 교차시켜 꼬아 줍니다.

5 도안에 따라 단 끝까지 뜹니다.

6 뒤집습니다.

7 도안에 따라 뜹니다.

8 다른 색 실로 뜰 때는 두 가닥의 실을 교차시켜 꼬아 줍니다.

9 도안에 따라 뜹니다.

10 다시 다른 색 실로 뜰 때는 두 가닥의 실을 교차시켜 떠야 할 실(연두색 실)을 올려 줍니다.

11 걸쳐서 배색이 완성되었습니다.

12 뒤집어서 보면 배색한 2개의 실이 가로로 연결되어 있는 모습을 볼 수 있습니다.

걸쳐서 배색을 응용한 '아가일 조끼'

응용 및 기타 장식

47 단과 단 잇기 (메리야스뜨기)

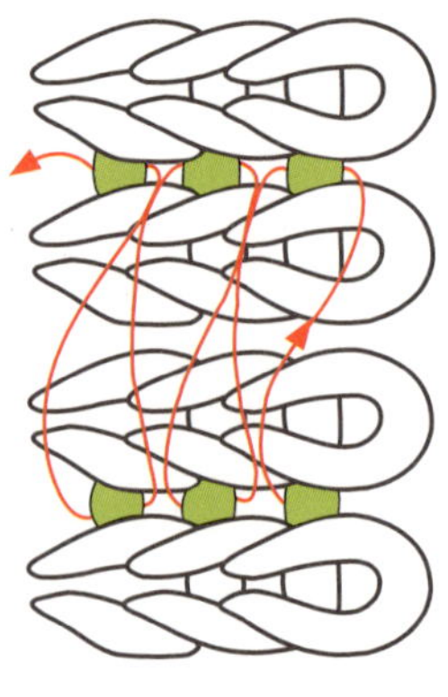

메리야스뜨기 편물 2개의 단과 단을 자연스럽게 이을 때 사용하는
방법입니다. '옆솔기 연결하기'라고도 합니다.

1 이을 메리야스뜨기 편물 2개를 준비
합니다.

2 한쪽 편물의 끝코에 돗바늘을 통과시
킵니다.

3 이어서 다른 쪽 편물의 끝코에도 돗바
늘을 통과시킵니다.

4 실을 당겨서 두 편물을 모아 쥐고 사진과
같이 아래 편물에 돗바늘을 통과시킵니
다. 2코씩 떠서 연결해 주어도 좋습니다.

5 위 편물에도 돗바늘을 통과시킵니다.
4~5를 반복하여 끝까지 뜹니다.

6 단 끝까지 이은 다음, 아래 편물 끝코
에 돗바늘을 통과시킵니다.

7 위의 편물 끝코에도 돗바늘을 통과시켜
깔끔하게 잇습니다.

8 단과 단 잇기를 완성하였습니다.

9 뒤집어서 보면 이은 모양이 홈질과 같
습니다.

❶ 끝코에 돗바늘을 넣어 통과시킵니다.

❷ 사진과 같이 고리에 돗바늘을 넣어 빼냅니다.

❸ 매듭이 지어졌습니다.

❹ 돗바늘을 시접 코에 적당히 통과시켜 빼냅니다.

❺ 가위로 실 끝을 잘라서 마무리합니다.

단과 단 잇기 1(메리야스뜨기)을 응용한 **'꼬마 친구 배색 후드 조끼'**

48 단과 단 잇기 2 (안메리야스뜨기)

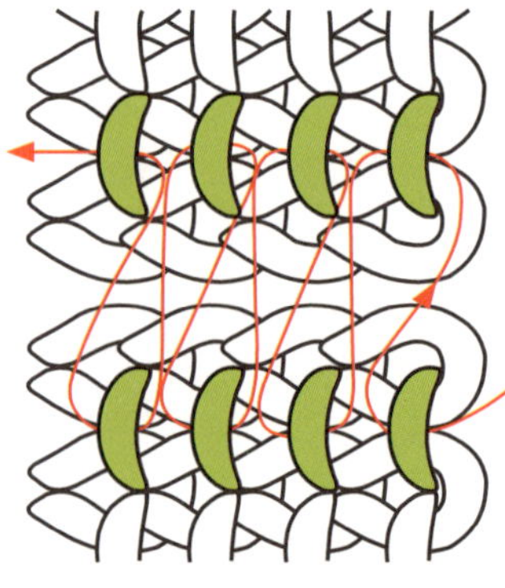

안메리야스뜨기(메리야스뜨기의 뒷면) 편물 2개의 단과 단을
자연스럽게 이을 때 사용하는 방법입니다.

1 이을 메리야스뜨기 편물 2개를 준비
합니다.

2 한쪽 편물의 끝코에 돗바늘을 통과시
킵니다.

3 이어서 다른 쪽 편물의 끝코에도 돗바
늘을 통과시킵니다.

4 실을 당겨서 두 편물을 모아 쥐고 사진과
같이 아래 편물에 돗바늘을 통과시킵니
다. 2코씩 떠서 연결해 주어도 좋습니다.

5 위 편물에도 돗바늘을 통과시킵니다.
4~5를 반복하여 끝까지 뜹니다.

6 단 끝까지 이은 다음, 아래 편물 끝코
에 돗바늘을 통과시킵니다.

7 위의 편물 끝코에도 돗바늘을 통과시켜
깔끔하게 잇습니다.

8 단과 단 잇기를 완성하였습니다.

9 뒤집어서 보면 이은 모양이 홈질과 같
습니다.

49 단과 단 잇기 3 (가터뜨기)

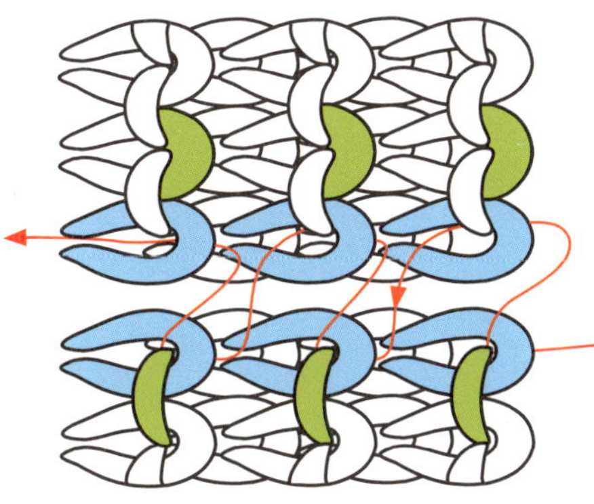

가터뜨기 편물 2개의 단과 단을 자연스럽게 이을 때 사용하는 방법입니다.

1 이을 가터뜨기 편물 2개를 준비합니다.

2 한쪽 편물의 끝코에 돗바늘을 통과시킵니다.

3 이어서 다른 쪽 편물의 끝코에도 돗바늘을 통과시킵니다.

4 실을 당겨서 두 편물을 모아 쥐고 사진과 같이 아래 편물에 돗바늘을 통과시킵니다.

> ### Tip
> 가터뜨기의 경우 편물 조직이 두껍기 때문에 시접 없이 잇는 것이 좋습니다. 따라서 메리야스뜨기나 안메리야스뜨기가 '1코' 아래에서 이은 것과는 달리, 가터뜨기는 '반코' 아래에서 잇습니다.

5 위 편물에도 돗바늘을 통과시킵니다. **4~5**를 반복하여 끝까지 뜹니다.

6 단 끝까지 이은 다음, 아래 편물 끝코에 돗바늘을 통과시킵니다.

7 위의 편물 끝코에도 돗바늘을 통과시켜 깔끔하게 잇습니다.

8 단과 단 잇기를 완성하였습니다.

9 시접 없이 편평하게 이어진 모습입니다.

대바늘 손뜨개 작품 맛보기!

'즐거운 날 베스트'입니다!
만드는 방법은 200쪽에 있어요.

50 코와 코 잇기(=메리야스잇기)

메리야스뜨기 편물 2개의 코와 코를 자연스럽게 이을 때 사용하는 방법입니다. '메리야스잇기'라고도 합니다.

1 이을 메리야스뜨기 편물 2개를 준비합니다.

2 한쪽 편물의 첫코에 돗바늘을 아래에서 위로 넣어 통과시킵니다.

3 이어서 다른 쪽 편물의 첫코에도 돗바늘을 아래에서 위로 넣어 통과시킵니다.

4 두 편물의 첫코를 통과한 모습입니다.

5 바늘에서 코를 빼냅니다.

6 실이 나온 코로 돗바늘을 넣어 바늘에 걸려 있는 코로 사진과 같이 넣습니다.

7 바늘에서 코를 빼냅니다.

8 돗바늘을 통과시킵니다.

9 실이 나온 코로 돗바늘을 넣어 바늘에 걸려 있는 코로 사진과 같이 넣습니다.

10 바늘에서 코를 빼냅니다.

11 돗바늘을 통과시킵니다.

12 6~11을 반복하여 단 끝까지 뜹니다.

13 단 끝까지 이은 다음, 아래 편물 끝 코에 돗바늘을 통과시킵니다.

14 위의 편물 끝코에도 돗바늘을 통과 시켜 깔끔하게 잇습니다.

15 코와 코 잇기를 완성하였습니다.

16 뒤집어서 보면 자연스러운 안메리야 스뜨기 무늬가 나타납니다.

> ### Tip
>
> 편물의 앞면이 겉뜨기 무늬이면 뒷면은 자연스럽게 안뜨기 무늬가 됩니다.
> 따라서 안메리야스뜨기 편물을 이을 때는 편물의 뒷면인 겉뜨기 무늬를 보고 편물을
> 이으면 자연스럽게 연결됩니다.

51 코와 코 잇기2(=코바늘로 어깨 잇기)

코바늘을 사용하여 편물 2개의 코와 코를 자연스럽게 이을 때 사용하는 방법입니다. 주로 옷의 어깨 부분을 이을 때 많이 사용하여 '코바늘로 어깨 잇기'라고도 합니다.

1 이을 편물 2개를 준비합니다.

2 겉면(앞면)끼리 마주보도록 두 편물을 모아 쥡니다.

3 앞의 바늘에 걸려 있는 코와 뒤의 바늘에 걸려 있는 코에 코바늘을 넣어 바늘에서 한꺼번에 빼냅니다.

4 연결할 실을 코바늘로 한 번 감습니다.

5 감은 실과 함께 코바늘을 구멍 안으로 빼냅니다.

6 3~5를 반복하여 단 끝까지 뜹니다.

7 코와 코 잇기를 완성하였습니다.

8 겉면(앞면)을 보면 두 편물이 깔끔하게 이어져 있습니다.

52 코와 단 잇기

편물 2개의 코와 단을 자연스럽게 이을 때 사용하는 방법입니다.

1 이을 편물 2개를 준비합니다.

2 코 부분에서는 사진과 같이 돗바늘을 통과시킵니다.

3 단 부분에서는 1코씩 돗바늘을 통과시킵니다. **2~3**을 3번 정도 반복하여 연결합니다.

4 코 부분에서 사진과 같이 돗바늘을 통과시킵니다.

5 이번에는 단 부분에서 2코를 함께 통과시킵니다.

6 편물 길이에 따라 위아래 콧수를 조절하며 끝까지 연결합니다.

7 마지막 코까지 깔끔하게 연결합니다.

8 코와 단 잇기를 완성하였습니다.

531코 단추 구멍

바늘비우기 1코를 하여 단추 구멍을 만드는 방법입니다.

1 왼쪽 바늘에 걸려 있는 2코를 도안이나 무늬에 따라 한꺼번에 뜹니다(왼코 겹치기).

2 1코가 줄어든 모습입니다.

3 오른쪽 바늘에 실을 안쪽에서 걸어 줍니다(바늘비우기).

4 도안이나 무늬에 따라 1코를 뜹니다.

5 오른쪽 바늘에 1코가 늘어난 모습입니다.

6 도안이나 무늬에 따라 뜨면서 다음 단 바늘비우기를 한 곳까지 왔습니다.

7 바늘비우기를 하여 느슨해진 코에도 계속해서 도안이나 무늬에 따라 떠 나가면 됩니다.

8 1코 단추 구멍이 완성되었습니다.

54 2코 단추 구멍

코막음 2코를 하고 다음 단에서 감아코 2코를 만들어 단추 구멍을
만드는 방법입니다.

1 무늬에 따라 2코를 뜹니다. 여기서는 안뜨기를 2코 떴습니다.

2 왼쪽 바늘로 뒤에 있는 코를 들어서 앞에 있는 코를 덮어씌웁니다(기본 코막음).

3 코막음 1코를 한 모습입니다.

4 같은 방법으로 1코를 더 코막음합니다.

5 도안에 따라 뜨면서 다음 단 코막음 부분까지 옵니다.

6 사진과 같이 왼손으로 고리를 만들어 바늘을 넣습니다(감아코 만들기).

7 실을 잡아당깁니다. 감아코 1코를 만든 모습입니다.

8 같은 방법으로 감아코 1코를 더 만듭니다. 계속해서 도안에 따라 떠 나갑니다.

9 2코 단추 구멍이 완성되었습니다.

55 세로 단추 구멍

바늘비우기 1코를 하고 다음 2단을 끌어올리기하여 단추 구멍을
만드는 방법입니다.

1단 뜨기

1 왼쪽 바늘에 걸려 있는 2코를 도안이
나 무늬에 따라 한꺼번에 뜹니다(왼코
겹치기(안뜨기)).

2 1코가 줄어든 모습입니다.

3 오른쪽 바늘에 실을 안쪽에서 걸어 줍
니다(바늘비우기).

4 도안에 따라 1코를 뜹니다.

5 오른쪽 바늘에 1코가 다시 늘어났으
므로 전체 콧수는 변하지 않습니다.

> **Tip**
>
> 순서를 바꿔서 바늘비우기를 먼저 하고
> 왼코 겹치기를 해도 상관없습니다.

2단 뜨기

6 도안이나 무늬에 따라 뜨면서 다음 단 바늘비우기를 한 곳까지 옵니다.

7 오른쪽 바늘에 실을 안쪽에서 걸어 줍니다(바늘비우기).

8 왼쪽 바늘에 걸려 있는 코에 사진과 같이 오른쪽 바늘을 넣습니다.

9 뜨지 않고 그대로 옮깁니다. 오른쪽 바늘에 1코(화살표 참고)가 늘어났으나 다음 단에서 2코를 한꺼번에 떠 주기 때문에 전체 콧수는 변하지 않습니다.

3단 뜨기

10 도안이나 무늬에 따라 뜨면서 다음 바늘비우기를 한 곳까지 옵니다.

11 왼쪽 바늘에 걸려 있는 2코를 도안이나 무늬에 따라 한꺼번에 뜹니다(끌어올리기).

12 아래 단에서 끌어올린 1코가 다시 줄어든 모습입니다. 도안이나 무늬에 따라 계속 떠 나갑니다.

13 세로 단추 구멍이 완성되었습니다.

56 오른쪽 경사뜨기

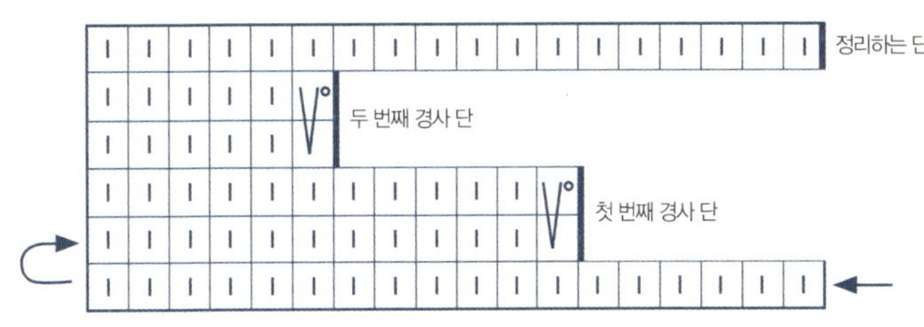

오른쪽의 코를 끝까지 뜨지 않고 되돌아 뜨면서 오른쪽에 경사를 만드는 방법입니다.

첫 번째 경사 단

1 도안에 따라 6코는 뜨지 않고 남깁니다.

2 뒤집습니다.

3 6코마다 표시를 하기 위해 마커를 실에 겁니다.

4 다음 코에 바늘을 뒤에서 앞으로 넣습니다.

5 뜨지 않고 그대로 오른쪽 바늘로 옮깁니다(걸러뜨기).

6 도안에 따라 단 끝까지 뜹니다.

Tip 뜨기 기호 V° 에 대하여

되돌아 뜰 때 걸러뜨기(V)만 하지 않고, 걸러뜨고 뒤에 있는 실을 정리하는 단에서 끌어올려 같이 뜨는 방법입니다. V로 뜨는 것보다 V°로 뜨는 것이 모양이 더 자연스럽습니다. 초보자들은 V로 간단하게 뜨기도 합니다.

두 번째 경사 단

7 뒤집어서 도안에 따라 뜨다가 마커로 부터 6코는 뜨지 않고 남깁니다.

8 뒤집어서 마커를 실에 겁니다.

9 다음 코를 뜨지 않고 그대로 오른쪽 바늘로 옮깁니다. 도안에 따라 단 끝까지 뜹니다.

정리하는 단

10 이제 정리 단을 떠야 합니다. 뒤집어서 마커가 걸려 있는 곳까지 6코를 뜹니다(많이 벌어지는 부분).

11 다음 코를 뜨지 않고 그대로 오른쪽 바늘로 옮깁니다.

12 마커에 걸려 있는 코에 왼쪽 바늘로 들어 올려 오른쪽 바늘로 그대로 옮깁니다.

13 오른쪽 바늘에 걸려 있는 2코 뒤로 왼쪽 바늘을 넣어 한꺼번에 안뜨기를 합니다.

14 다음 마커가 걸려 있는 곳까지 6코를 뜬 다음 **12~13**을 반복합니다.

15 도안에 따라 단을 끝까지 뜬 모습입니다. 마커는 빼도 좋습니다.

16 오른쪽 경사뜨기가 완성되었습니다.

57 왼쪽 경사뜨기

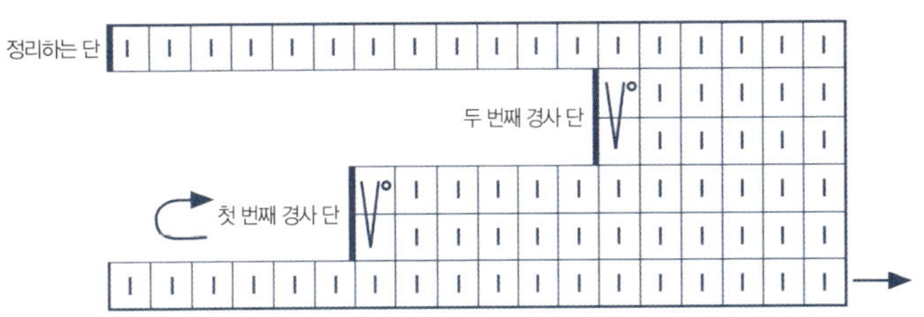

왼쪽의 코를 끝까지 뜨지 않고 되돌아 뜨면서 왼쪽에 경사를 만드는 방법입니다. (V°설명은 147쪽 참고)

첫 번째 경사 단

1 도안에 따라 6코는 뜨지 않고 남깁니다.

2 뒤집습니다.

3 6코마다 표시를 하기 위해 마커를 실에 겁니다.

4 다음 코에 바늘을 뒤에서 앞으로 넣습니다.

5 뜨지 않고 그대로 오른쪽 바늘로 옮깁니다(걸러뜨기).

6 끝까지 안뜨기로 뜹니다.

두 번째 경사 단

7 뒤집어서 도안에 따라 뜨다가 마커로 부터 6코는 뜨지 않고 남깁니다.

8 뒤집어서 마커를 실에 겁니다.

9 다음 코를 뜨지 않고 그대로 오른쪽 바늘로 옮깁니다.

10 끝까지 안뜨기로 뜹니다.

정리하는 단

11 이제 정리 단을 뜰 차례입니다. 뒤집어서 마커가 걸려 있는 곳까지 6코를 뜹니다(많이 벌어지는 부분).

12 마커에 걸려 있는 코에 왼쪽 바늘을 넣습니다.

13 왼쪽 바늘로 그대로 옮깁니다.

14 도안에 따라 왼쪽 바늘에 걸려 있는 2코에 바늘을 넣어 한꺼번에 겉뜨기를 합니다.

15 다음 마커가 걸려 있는 곳까지 6코를 뜬 다음 **12~14**를 반복합니다.

16 도안에 따라 단을 끝까지 뜨면 왼쪽 경사뜨기가 완성입니다. 마커는 빼도 좋습니다.

58 양쪽 경사뜨기

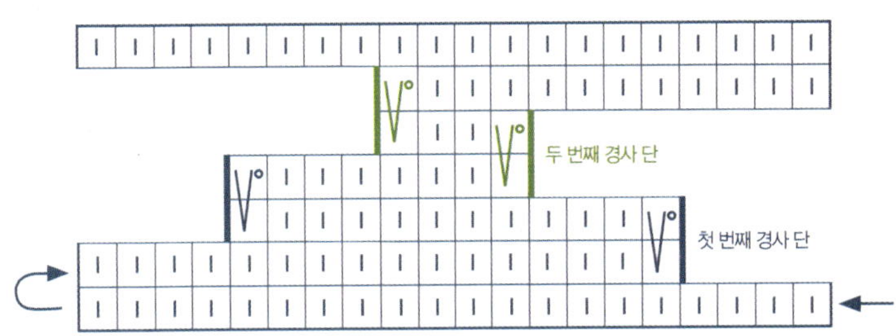

양쪽의 코를 끝까지 뜨지 않고 되돌아 뜨면서 양쪽에 경사를 만드는 방법입니다.

첫 번째 경사 단

1 도안에 따라 4코는 뜨지 않고 남깁니다.

2 뒤집습니다.

3 4코마다 표시를 하기 위해 마커를 실에 겁니다. 오른쪽 경사는 분홍색 마커로 표시하겠습니다.

4 다음 코에 바늘을 뒤에서 앞으로 넣습니다.

5 뜨지 않고 그대로 오른쪽 바늘로 옮깁니다(걸러뜨기).

6 도안에 따라 뜨다가 4코는 남깁니다.

7 뒤집어서 마커를 실에 겁니다. 왼쪽 경사는 파란색 마커로 표시하겠습니다.

8 다음 코는 뜨지 않고 그대로 오른쪽 바늘로 옮깁니다.

두 번째 경사 단

9 도안에 따라 뜨다가 마커로부터 4코는 뜨지 않고 남깁니다.

10 뒤집어서 마커를 실에 겁니다.

11 도안에 따라 뜨지 않고 그대로 오른쪽 바늘로 옮깁니다.

12 도안에 따라 뜨다가 마커로부터 4코는 뜨지 않고 남깁니다.

13 뒤집어서 마커를 실에 겁니다.

14 다음 코는 뜨지 않고 그대로 오른쪽 바늘로 옮깁니다.

정리하는 단

15 분홍색 마커가 걸려 있는 곳까지 뜹니다(많이 벌어지는 부분).

16 다음 코는 뜨지 않고 그대로 오른쪽 바늘로 옮깁니다.

17 분홍색 마커에 걸려 있는 코에 왼쪽 바늘을 넣습니다.

18 오른쪽 바늘로 그대로 옮깁니다.

19 오른쪽 바늘에 걸려 있는 2코 뒤로 왼쪽 바늘을 넣어 한꺼번에 안뜨기를 합니다.

20 다음 분홍색 마커도 같은 방법으로 정리하고 단을 끝까지 뜹니다. 분홍색 마커는 빼도 좋습니다.

21 뒤집어서 파란색 마커가 걸려 있는 곳까지 뜹니다.

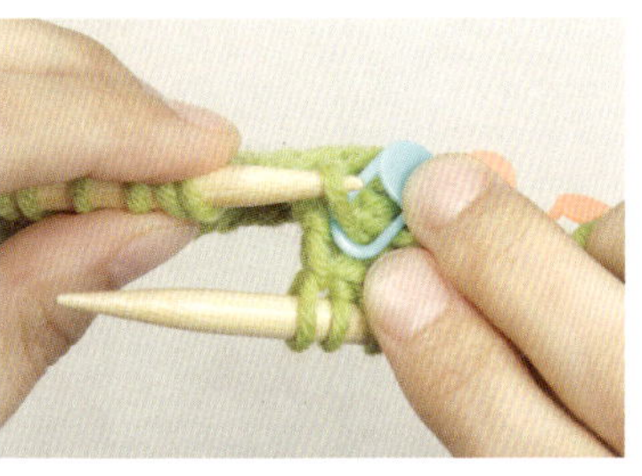

22 파란색 마커에 걸려 있는 코에 왼쪽 바늘을 넣습니다.

23 왼쪽 바늘로 그대로 옮깁니다.

24 왼쪽 바늘에 걸려 있는 2코를 도안에 따라 한꺼번에 뜹니다.

25 다음 파란색 마커도 같은 방법으로 정리하고 단을 끝까지 뜨면 양쪽 경사뜨기 완성입니다. 파란색 마커도 뺍니다.

26 코막음을 하고 바늘을 빼면 위쪽에 경사가 나타납니다.

59 줄 세워 오른쪽 줄이기

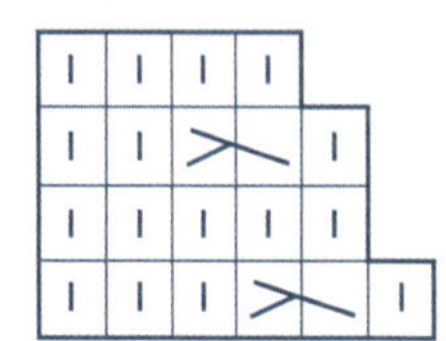

오른코 겹치기로 코를 줄이면서 겉뜨기로 줄을 세우는 방법입니다.

1 겉뜨기를 1코 뜹니다.

2 왼쪽 바늘에 걸려 있는 코를 뜨지 않고 오른쪽 바늘로 옮깁니다.

3 왼쪽 바늘에 걸려 있는 다음 코를 겉뜨기합니다.

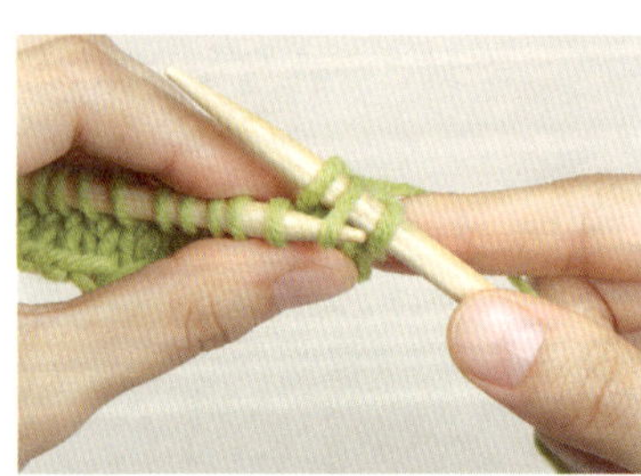

4 **2**에서 넘긴 코를 왼쪽 바늘로 끌어올려서 앞에 있는 코를 덮어씌웁니다(오른코 겹치기).

5 3코가 2코로 줄어든 모습입니다.

6 도안에 따라 뜨다가 홀수 단 오른쪽 끝에서 **1~5**를 반복하면 줄 세워 오른쪽 줄이기가 완성됩니다.

60 줄 세워 왼쪽 줄이기

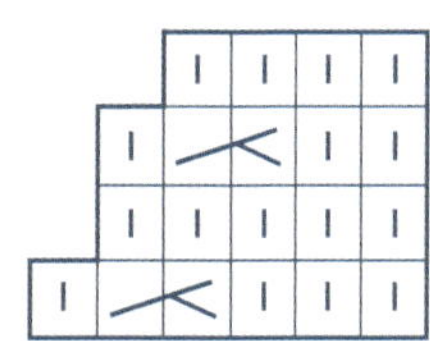

왼코 겹치기로 코를 줄이면서 겉뜨기로 줄을 세우는 방법입니다.

1 왼쪽 끝에 3코를 남깁니다.

2 2코를 한꺼번에 겉뜨기합니다(왼코 겹치기).

3 마지막 1코를 겉뜨기합니다.

4 1코가 줄어든 모습입니다.

5 도안에 따라 뜨다가 홀수 단 왼쪽 끝에서 **1~5**를 반복하면 줄 세워 왼쪽 줄이기가 완성됩니다.

61 방울 만들기

박스 종이와 폼폼메이커를 사용하여 방울을 만드는 방법입니다.

1 박스나 단단한 종이를 사진과 같이 'ㄷ' 모양으로 자른 다음, 홈 위로 실을 감습니다.

2 실을 넉넉히 감아야 방울이 풍성하고 예쁘게 완성됩니다.

3 남은 실은 가위로 자릅니다.

4 20~30cm 정도의 실을 준비하여 홈 안쪽으로 통과시킵니다.

5 감은 실이 빠져나가지 않도록 단단하게 2번 정도 묶습니다.

6 박스 종이를 빼내고 감은 실의 양끝을 가위로 자릅니다.

7 가위로 동그랗게 다듬습니다.

Tip

실을 다듬을 때 작은 털실 조각이 많이 생기므로 바닥에 종이를 한 장 깔면 좋습니다.

8 방울이 완성되었습니다. 편물에 연결할 경우를 위해 남은 실은 자르지 않고 남겨 둡니다.

❶ 폼폼메이커를 펼쳐서 한쪽 날개에 실을 감습니다. 한 방향으로 가지런하게 감아야 방울 모양이 예쁘게 나옵니다.

❷ 풍성한 방울을 위해 실을 넉넉하게 감습니다.

❸ 바로 이어서 다른 쪽 날개에도 실을 감습니다.

❹ 양쪽 날개에 실을 모두 감은 모습입니다.

❺ 남은 실은 가위로 자릅니다.

❻ 감은 실의 끝을 가위로 자릅니다.

❼ 20~30cm 정도의 실을 준비하여 가운데를 묶습니다. 감은 실이 빠져나가지 않도록 단단하게 2번 정도 묶습니다.

❽ 폼폼메이커를 분리하여 빼냅니다.

❾ 가위로 동그랗게 다듬으면 완성입니다.

❶ 편물과 방울을 준비합니다.

❷ 방울을 달 위치에 코바늘을 뒤에서 앞으로 넣습니다.

❸ 방울에 달려 있는 실 한쪽을 코바늘 고리에 겁니다.

❹ 구멍 안으로 실과 함께 코바늘을 빼냅니다.

❺ ❷~❹와 같은 방법으로 방울에 달려 있는 다른 쪽 실도 빼냅니다.

❻ 뒤에서 실을 2번 정도 묶습니다.

❼ 남은 실은 가위로 자릅니다.

❽ 편물에 방울을 단 모습입니다.

방울 만들기를 응용한 '딸기 스무디 모자'

62 돗바늘로 덧수 놓기

돗바늘을 사용하여 편물 무늬에 따라 수를 놓는 방법입니다.

1 편물 무늬에 따라 겉뜨기 모양(V)으로 수를 놓겠습니다. 겉뜨기 코의 아래에 바늘을 넣습니다.

2 사진과 같이 위의 1코에 돗바늘을 통과시킵니다.

3 실이 나온 구멍으로 바늘을 넣고 왼쪽 2코 옆에서 바늘을 빼냅니다.

4 겉뜨기 모양으로 덧수 1개가 완성되었습니다.

5 1코 간격으로 덧수를 놓아 보았습니다. 이 방법을 응용하여 다양한 모양의 덧수를 놓을 수 있습니다.

돗바늘로 덧수 놓기를 응용한 '첫눈 오는 날 머플러'

63 술 달기

원하는 길이의 술을 준비하여 코바늘로 편물에 술을 다는 방법입니다. 주로 머플러 끝을 장식할 때 사용됩니다.

1 원하는 길이보다 2~3cm 여유를 두고 실을 여러 겹 접습니다. 필요한 술의 개수를 생각하며 접습니다.

2 기준이 되는 한쪽 끝은 두고, 다른 쪽 끝을 가위로 자릅니다.

3 원하는 개수로 술의 가닥을 나눕니다. 여기에서는 3개의 가닥씩 술을 달아 보겠습니다.

4 편물의 맨 끝 단에서 원하는 위치에 코바늘을 넣어 고리에 술을 겁니다.

5 구멍 안으로 실과 함께 코바늘을 빼냅니다.

6 술을 코바늘 고리에 다시 겁니다.

7 4~7을 반복하여 필요한 개수만큼 술을 답니다.

8 마지막으로 술 끝을 가위로 가지런하게 정리합니다.

64 실 묶기

실을 묶은 다음 남은 실을 짧게 잘라도 잘 풀리지 않고, 매듭이 작게 되는 방법입니다.

1 2개의 실을 'X' 모양으로 교차시켜 잡습니다.

2 밑에 있는 실을 크게 감습니다.

3 위에 있는 실을 밑으로 한 번 꼬아 줍니다.

4 꼬아 준 실을 구멍 안으로 넣습니다.

5 양손으로 실을 잡습니다.

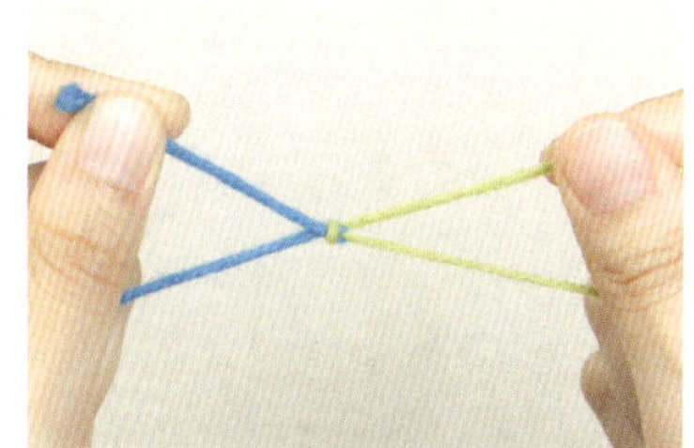

6 양쪽으로 단단하게 잡아당깁니다.

65 단추 달기

돗바늘을 사용하여 편물에 단추를 다는 방법입니다. 돗바늘은 단추 구멍을 통과할 수 있도록 귀가 가는 것을
사용합니다. 일반적인 바느질용 실과 바늘로 달아도 괜찮습니다.

1 단추를 다는 위치에서 돗바늘로 반코
를 떠서 통과시킵니다.

2 실이 나온 구멍으로 바늘을 넣어 한
번 더 통과시킵니다.

3 매듭이 지어진 모습입니다. 단추를 달
기 전에 실이 풀리지 않도록 매듭을
짓습니다.

4 단추 구멍에 돗바늘을 넣어 통과시킵
니다.

5 대각선 구멍에 돗바늘을 넣어 편물 뒤
로 통과시킵니다.

6 돗바늘을 편물 뒤에서 앞으로 빼내어
단추 구멍에 통과시킵니다.

7 대각선 구멍에 돗바늘을 넣어 편물 뒤로
통과시킵니다.

8 돗바늘을 편물 뒤에서 단추 아래로 빼
냅니다.

9 사진과 같이 실로 단추 아래를 2∼3
번 정도 감아 편물 뒤로 돗바늘을 빼
냅니다.

10 편물 뒤에서 돗바늘로 1코를 떠서 통과시킵니다.

11 실이 통과하면서 생긴 고리에 돗바늘을 넣습니다.

12 실을 잡아당겨 매듭을 짓습니다.

13 남은 실은 가위로 자릅니다.

14 단추 아래 튀어나온 실도 가위로 잘라서 정리합니다.

15 단추 달기가 완성되었습니다.

Tip 단추의 종류

플라스틱 단추
의류나 소품 등에 다는 일반적인 단추입니다.

도토리나무 단추
앞면에서는 구멍이 보이지 않는 단추입니다. 뒷면에 튀어나온 구멍에 실을 넣어 편물에 답니다. 부피감이 있는 편물에 사용하면 좋습니다.

뿔 단추
카디건이나 코트 등에 많이 사용되는 다소 큰 단추입니다.

똑딱 자석 단추
가방이나 파우치 같은 소품에 주로 사용되는 자석 여밈 단추입니다.

66 아이코드 끈 만들기

짧은 막대바늘을 사용하여 가늘고 긴 원통 모양의 끈을 만드는 방법입니다.

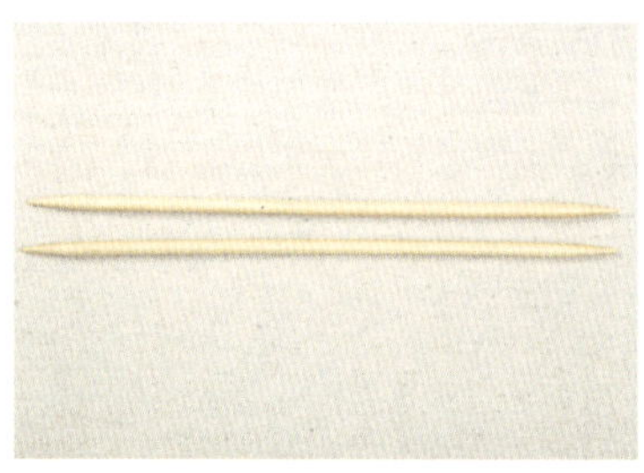

1 짧은 막대바늘 2개를 준비합니다.

2 한쪽 바늘에 5코 기본 코잡기를 합니다.

3 5코를 밀어서 바늘의 반대쪽 끝으로 이동합니다.

4 첫코에 다른 쪽 바늘을 앞에서 뒤로 넣습니다.

5 뒤쪽에 있는 실을 길게 가져와 바늘에 겁니다.

6 겉뜨기를 합니다.

7 뒤쪽을 보면 실이 길게 이어져 있는 것이 보입니다.

8 겉뜨기하여 단 끝까지 뜹니다.

9 코를 밀어서 반대쪽 끝으로 이동한 후, **4~6**을 반복합니다.

10 원하는 길이만큼 계속 반복하면 아 이코드 끈 완성입니다.

Tip 아이코드 끈 마무리

❶ 바늘을 빼낸 다음 돗바늘에 실을 연 결하여 코에 통과시킵니다.

❷ 실을 당겨서 윗부분을 조입니다.

❸ 돗바늘로 1코를 떠서 통과시킵니다.

❹ 실이 통과하면서 생긴 고리에 돗바 늘을 넣습니다.

❺ 실을 잡아당겨 매듭을 짓습니다.

❻ 원통형이라 안쪽이 비어 있기 때문 에 돗바늘을 안쪽으로 넣어 통과시 킵니다.

❼ 남은 실은 가위로 자릅니다.

❽ 반대쪽도 ❻~❼과 같은 방법으로 마무리합니다.

응용 작품 만들기

05 처음 그 느낌 머플러

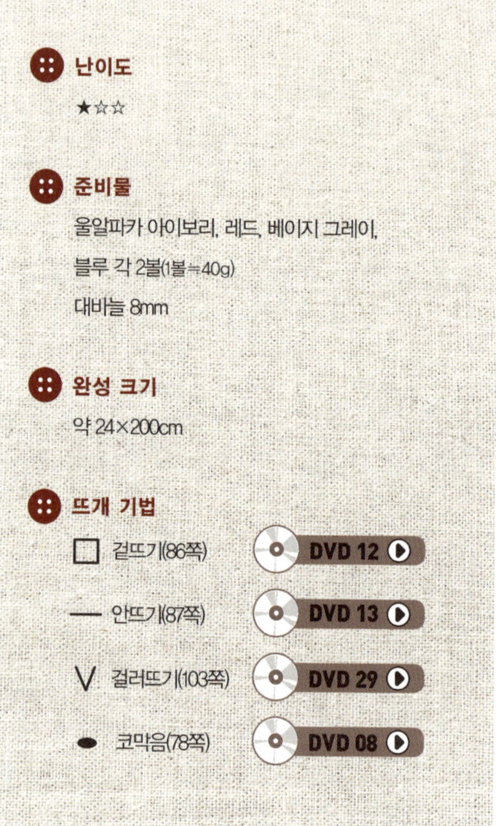

⊞ 난이도

★ ☆ ☆

⊞ 준비물

울알파카 아이보리, 레드, 베이지 그레이,

블루 각 2볼(1볼≒40g)

대바늘 8mm

⊞ 완성 크기

약 24×200cm

⊞ 뜨개 기법

☐ 겉뜨기(86쪽)　　**DVD 12** ▶

— 안뜨기(87쪽)　　**DVD 13** ▶

V 걸러뜨기(103쪽)　　**DVD 29** ▶

● 코막음(78쪽)　　**DVD 08** ▶

만드는 방법

1 8mm 대바늘을 사용하여 기본 코잡기로 27코를 만듭니다.

2 매단 첫코는 걸러뜨기하여 양옆을 매끄럽게 처리합니다.

3 홀수 단은 겉뜨기, 짝수 단은 1코 고무뜨기(118쪽 참고)를 반복하여 뜹니다.

4 배색은 아이보리, 레드, 베이지 그레이, 블루 순으로 하여 각 38단씩 뜬 다음 색을 바꾸어 줍니다(126쪽 참고).

5 200cm 정도를 뜬 다음 코막음으로 마무리합니다. 길이는 취향대로 바꿔도 좋습니다.

Tip 평뜨기 주의사항 ···

평뜨기는 편물을 앞뒤로 뒤집어가며 단을 왔다갔다 뜨는 것을 말합니다. 따라서 평뜨기에서는 도안을 화살표 방향에 따라 왔다갔다 보아야 합니다. 처음 코잡은 단이 1단이고, 2단부터 뜨기 시작합니다. 도안은 앞에서 보았을 때의 무늬를 표기한 것이므로, 되돌아오며 뜨는 짝수 단은 기호와 반대로(겉뜨기는 안뜨기로, 안뜨기는 겉뜨기로) 떠야 합니다.

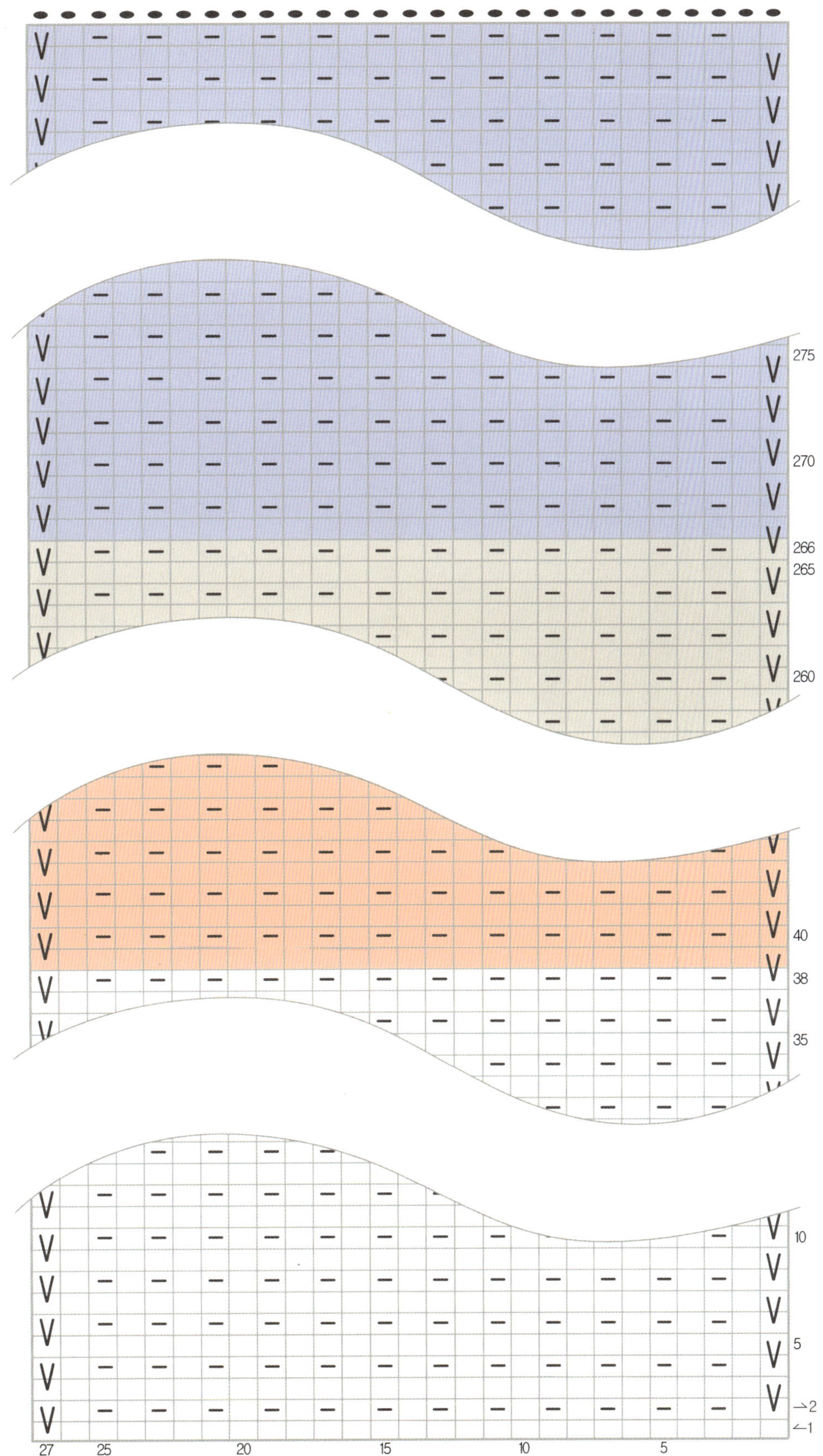

06 소브레 머플러

난이도

★☆☆

준비물

룩 진베이지 5볼(1볼≒100g)

대바늘 8mm, 꽈배기바늘

완성크기

약 24×200cm

뜨개 기법

□	겉뜨기(86쪽)	DVD 12 ▶
—	안뜨기(87쪽)	DVD 13 ▶
V	걸러뜨기(103쪽)	DVD 29 ▶
⫶	3코 오른쪽 위 교차뜨기(111쪽)	DVD 36 ▶
●	코막음(78쪽)	DVD 08 ▶

만드는 방법

1 8mm 대바늘을 사용하여 기본 코잡기로 36코를 만듭니다.

2 매단 첫코는 걸러뜨기하여 양옆을 매끄럽게 처리합니다.

3 도안을 참고하여 고무뜨기와 꽈배기무늬를 넣습니다.

4 200cm 정도를 뜬 다음 코막음으로 마무리합니다. 길이는 취향대로 바꿔도 좋습니다.

Tip

완성 후 스팀다리미로 반듯하게 머플러의 모양을 잡아 줍니다.

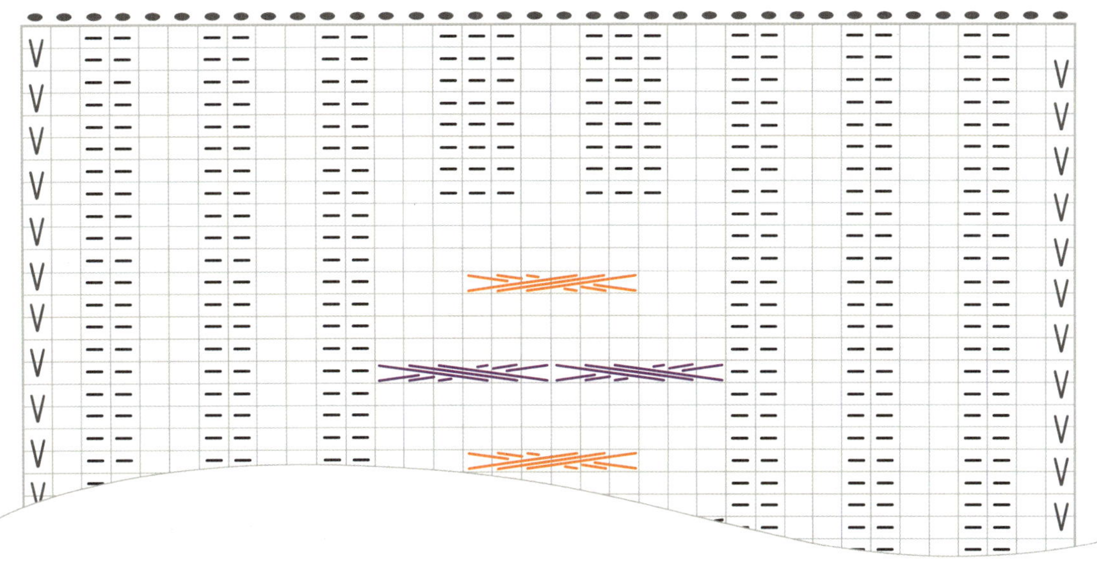

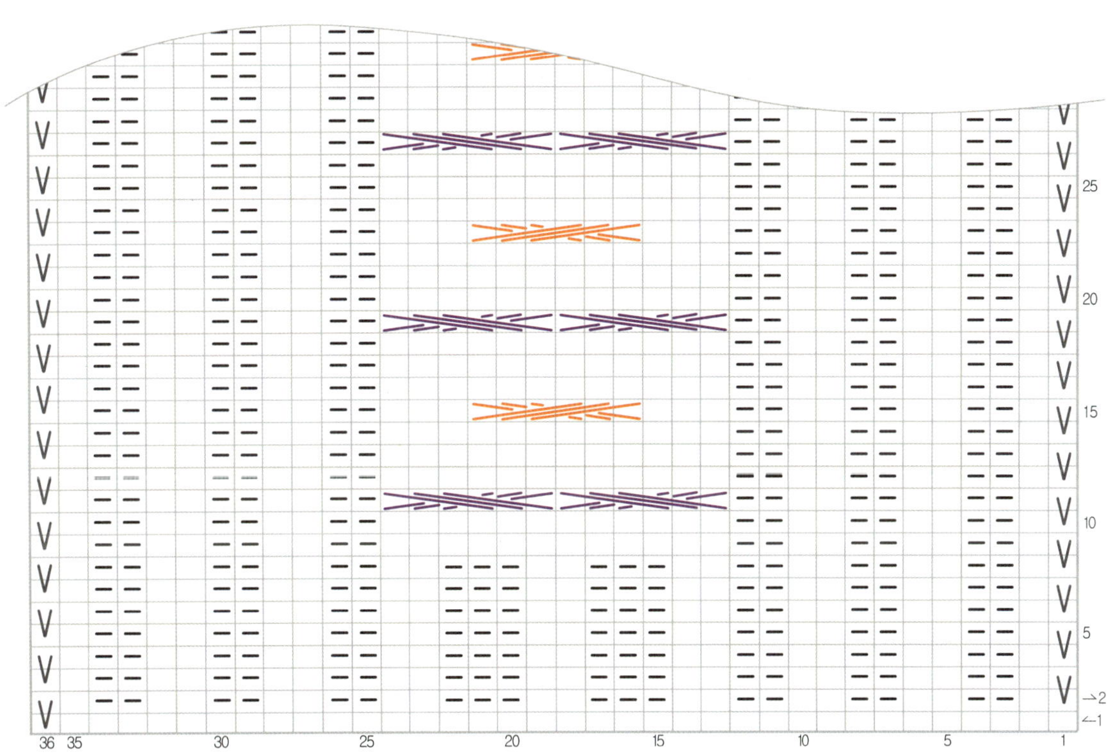

07 지금은 연애중 머플러

난이도

★☆☆

준비물

모드 노랑 6볼(1볼≒80g)

대바늘 7mm

완성크기

약 28×200cm

뜨개 기법

☐ 겉뜨기(86쪽)   DVD 12 ▶

— 안뜨기(87쪽)   DVD 13 ▶

V 걸러뜨기(103쪽)   DVD 29 ▶

● 코막음(78쪽)   DVD 08 ▶

만드는 방법

1 7mm 대바늘을 사용하여 기본 코잡기로 33코를 만듭니다.

2 매단 첫코는 걸러뜨기하여 양옆을 매끄럽게 처리합니다.

3 처음 6단은 1코 고무뜨기(118쪽 참고)로 뜬 다음, 나머지는 도안의 무늬대로 뜹니다.

4 200cm 정도를 뜬 다음, 1코 고무뜨기로 6단을 뜨고 코막음을 합니다.

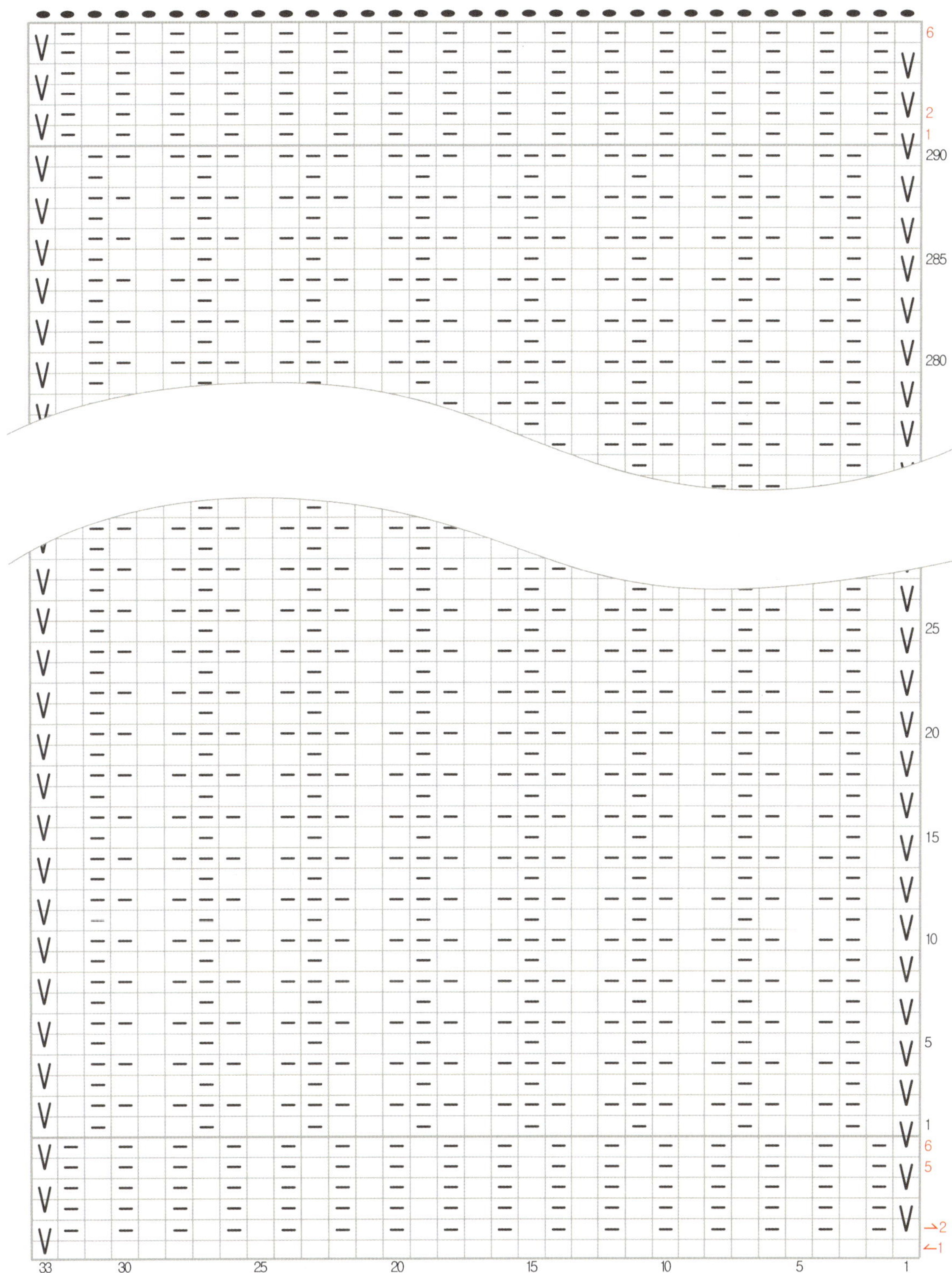

08 러브 빈 머플러

난이도
★★☆

준비물
가비아노 라이트퍼플 6볼(1볼≒50g)
대바늘 4mm

완성크기
약 30×145cm

뜨개 기법

□ 겉뜨기(86쪽) — DVD 12

— 안뜨기(87쪽) — DVD 13

○ 바늘비우기(88쪽) — DVD 14

人 오른쪽 중심 3코 모아뜨기(94쪽) — DVD 20

人 왼쪽 중심 3코 모아뜨기(95쪽) — DVD 21

● 코막음(78쪽) — DVD 08

만드는 방법

1 4mm 대바늘을 사용하여 기본 코잡기로 87코를 만듭니다.

2 가터뜨기(114쪽 참고)로 12단을 뜹니다.

3 양쪽 5코씩은 가터뜨기를 하고, 나머지는 도안의 무늬대로 뜹니다.

4 가로는 하나의 무늬(도안의 노란색 부분)가 다섯 번 반복되어 나타나도록 콧수가 정해져 있으나, 세로는 원하는 길이에
맞춰서 자유롭게 뜹니다.

5 마지막은 가터뜨기 12단을 뜨고 코막음하여 마무리합니다.

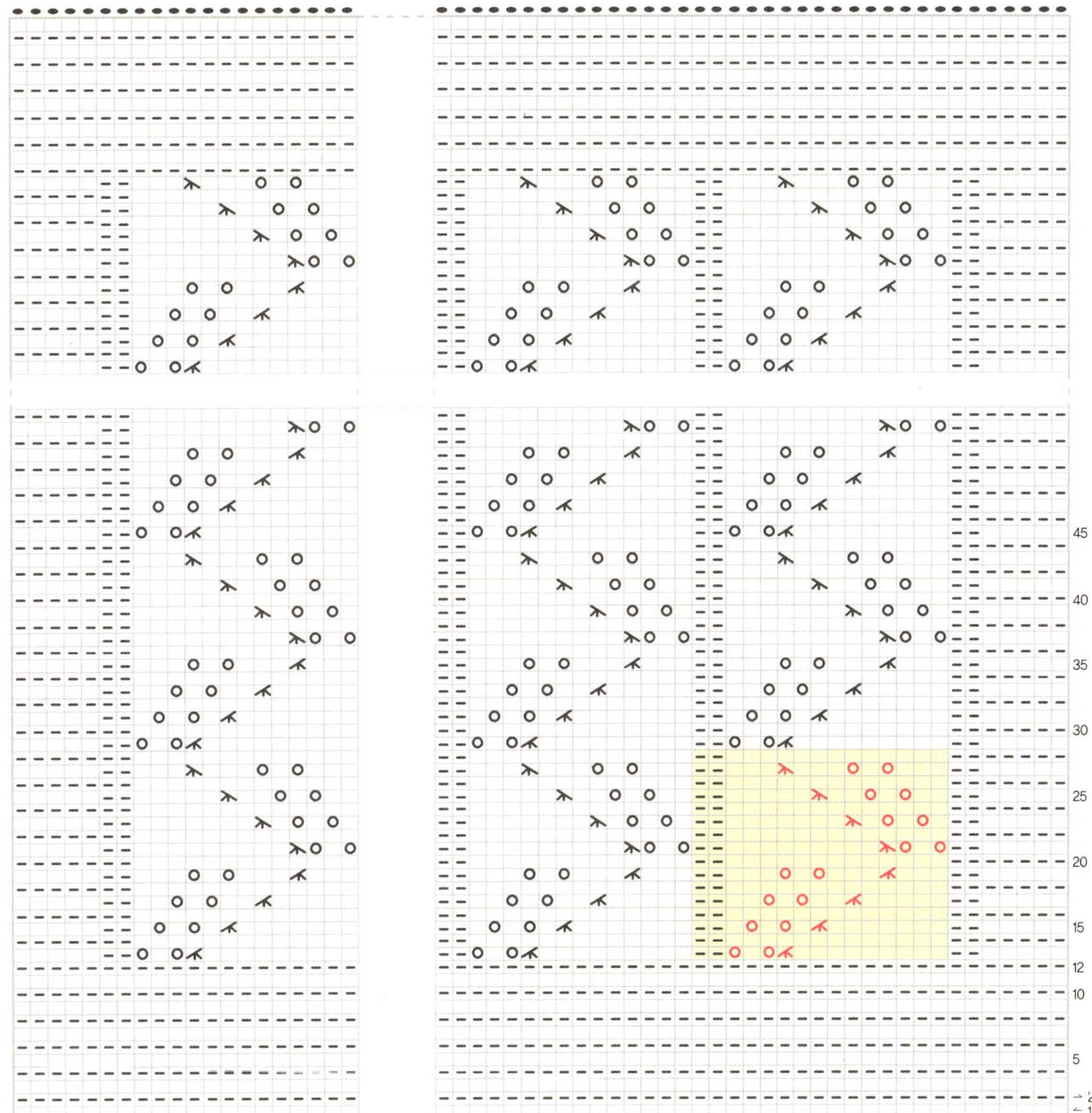

09 시크릿 숄 머플러

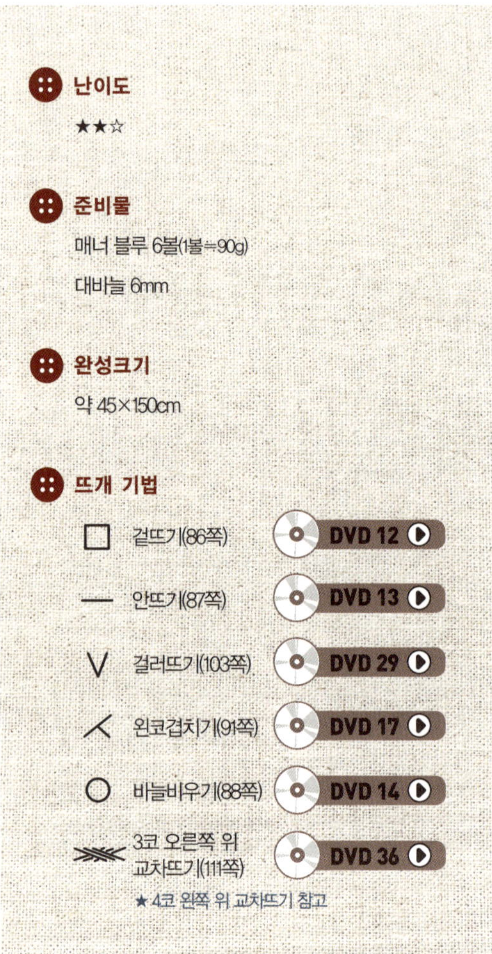

난이도

★★☆

준비물

매너 블루 6볼(1볼≒90g)

대바늘 6mm

완성크기

약 45×150cm

뜨개 기법

☐ 겉뜨기(86쪽)　DVD 12

— 안뜨기(87쪽)　DVD 13

V 걸러뜨기(103쪽)　DVD 29

ㅅ 왼코겹치기(91쪽)　DVD 17

◯ 바늘바우기(88쪽)　DVD 14

⨯ 3코 오른쪽 위 교차뜨기(111쪽)　DVD 36

★ 4코 왼쪽 위 교차뜨기 참고

만드는 방법

1 6mm 대바늘로 80코를 만듭니다.

2 양옆 1코씩은 걸러뜨기하면서 가터뜨기(114쪽 참고) 4단을 뜹니다.

3 도안과 같이 꽈배기무늬와 단추 구멍을 만듭니다.

4 원하는 길이만큼 뜬 후 가터뜨기 4단을 뜨고 코막음하여 완성합니다.

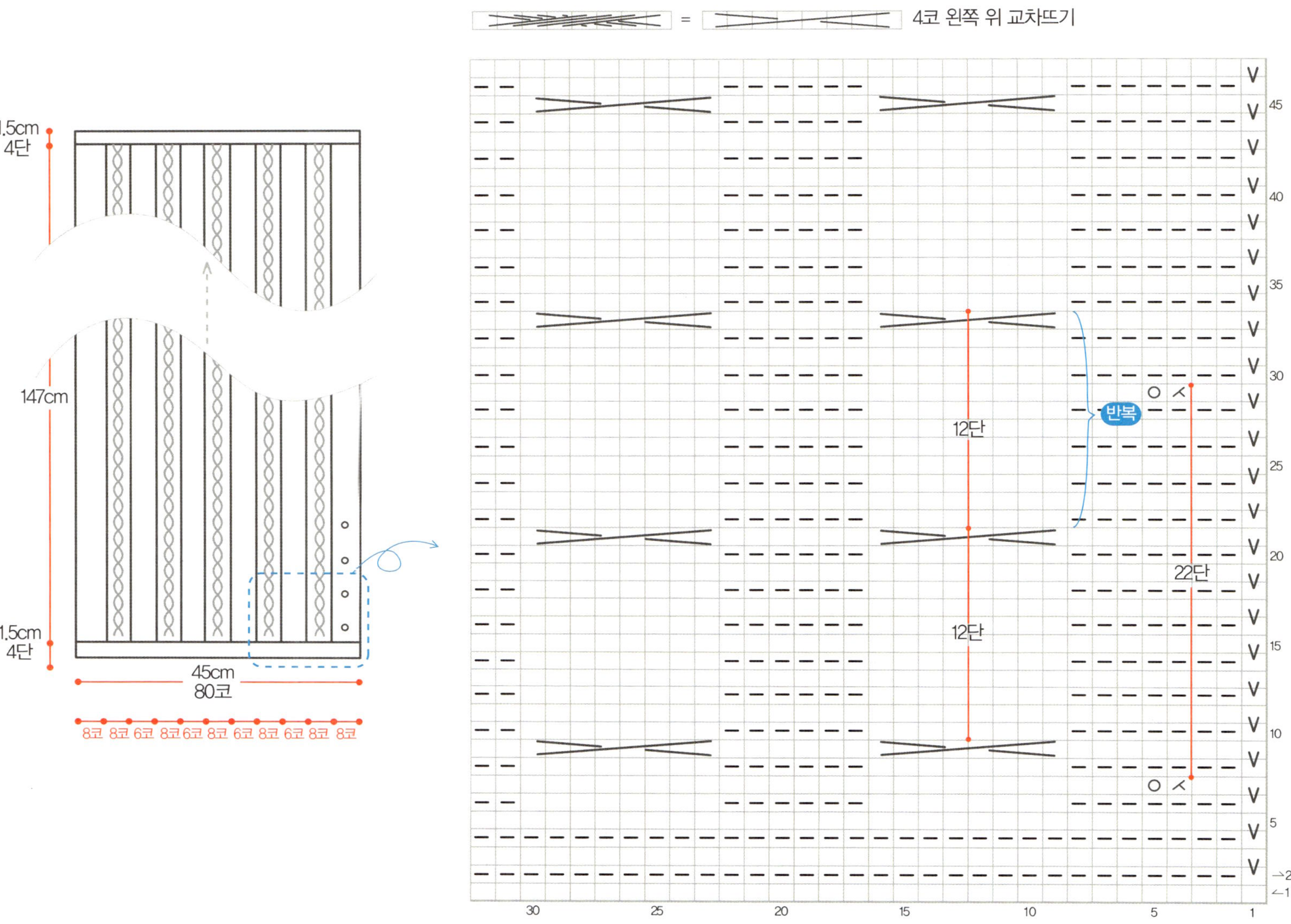

= 4코 왼쪽 위 교차뜨기
반복
12단
12단
22단
1.5cm 4단
147cm
1.5cm 4단
45cm
80코
8코 8코 6코 8코 6코 8코 6코 8코 6코 8코 8코

10 봉봉 와플 비니

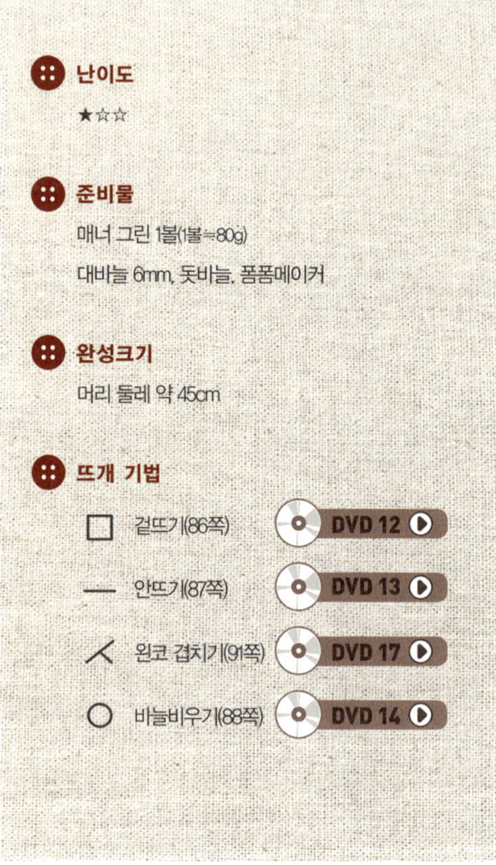

난이도
★☆☆

준비물
매너 그린 1봉(1봉≒80g)
대바늘 6mm, 돗바늘, 폼폼메이커

완성크기
머리 둘레 약 45cm

뜨개 기법
□ 겉뜨기(86쪽) · DVD 12
— 안뜨기(87쪽) · DVD 13
✕ 왼코 겹치기(91쪽) · DVD 17
○ 바늘비우기(88쪽) · DVD 14

만드는 방법

1 6mm 대바늘을 사용하여 기본 코잡기로 78코를 만듭니다.

2 1코 고무뜨기(118쪽 참고)로 6단을 뜹니다.

3 도안을 참고하여 와플 모양으로 40단을 뜹니다.

4 41단에서 양쪽 솔기코 1코씩을 뺀 나머지 76코를 왼코 겹치기하여 40코로 줄입니다.

5 마찬가지로 43단에서는 21코로, 45단에서는 12코로 줄입니다.

6 안뜨기로 1단을 뜨고 남아 있는 12코를 돗바늘로 실을 통과시켜 오므립니다.

7 옆 솔기를 연결하고 실을 정리합니다(134쪽 참고).

8 방울을 만들어 모자 끝에 달아 완성합니다(156쪽 참고).

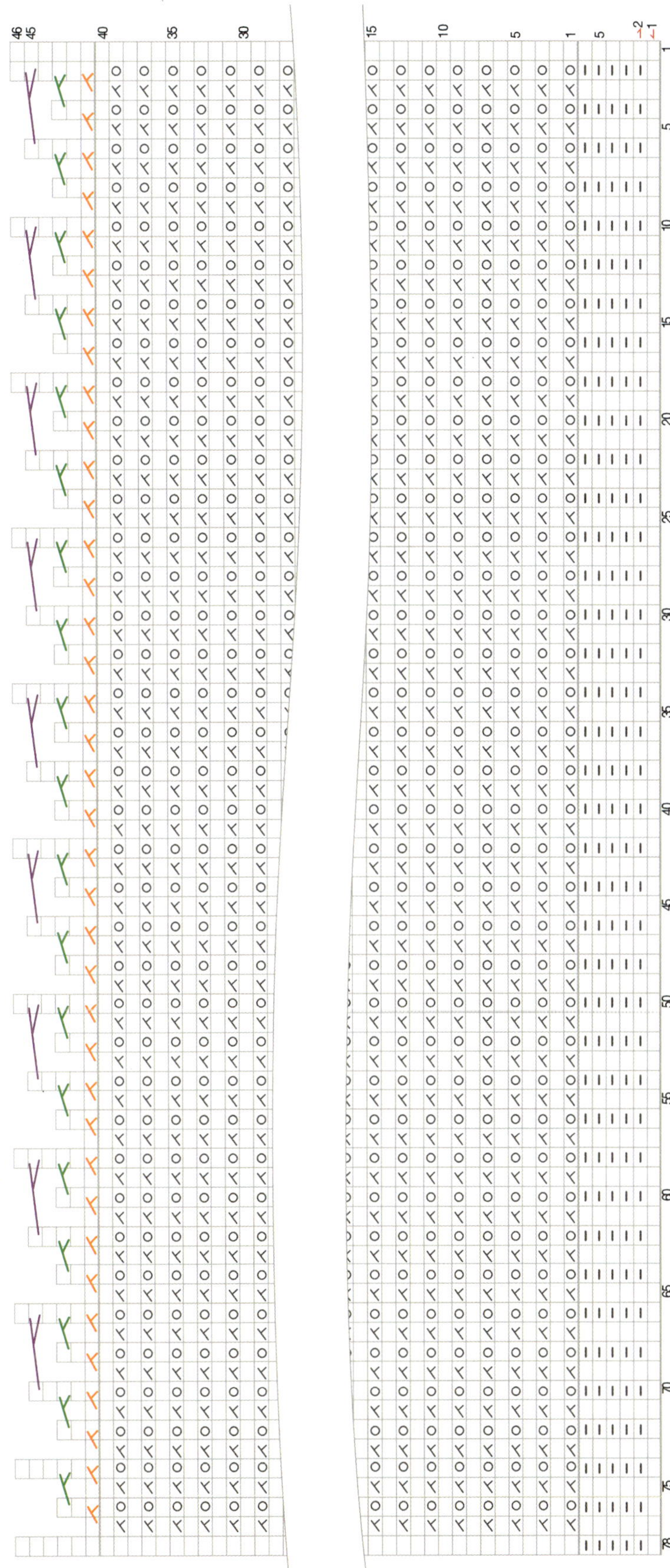

11 베이비 요정 모자

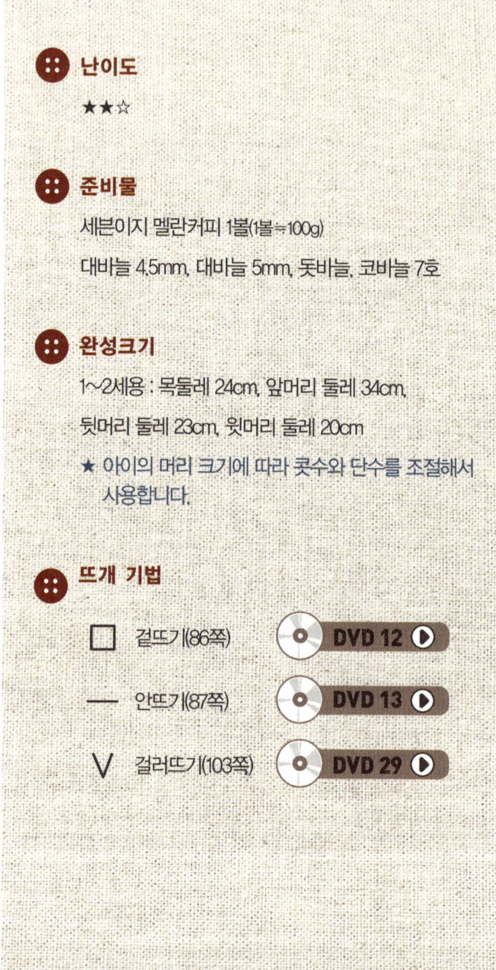

난이도
★★☆

준비물
세븐이지 멜란커피 1볼(1볼≒100g)
대바늘 4.5mm, 대바늘 5mm, 돗바늘, 코바늘 7호

완성크기
1~2세용 : 목둘레 24cm, 앞머리 둘레 34cm,
뒷머리 둘레 23cm, 윗머리 둘레 20cm
★ 아이의 머리 크기에 따라 콧수와 단수를 조절해서
사용합니다.

뜨개 기법

☐ 겉뜨기(86쪽)　　DVD 12
— 안뜨기(87쪽)　　DVD 13
V 걸러뜨기(103쪽)　　DVD 29

만드는 방법

1 4.5mm 대바늘을 사용하여 기본 코잡기로 68코 만듭니다.

2 2코 고무뜨기(120쪽 참고)로 8단을 뜹니다.

3 5mm 대바늘로 바꿔 메리야스뜨기(116쪽 참고) 29단을 합니다.

4 도안과 같이 양쪽 경사뜨기(151쪽 참고)를 합니다.

5 모자 뒷부분은 메리야스잇기(139쪽 참고)를 합니다.

6 목둘레에서 58코 주워 2코 고무뜨기 8단을 뜨고 코막음을 합니다.

7 코바늘로 끈을 만들어 답니다(182쪽 참고).

□ =정리하는 단

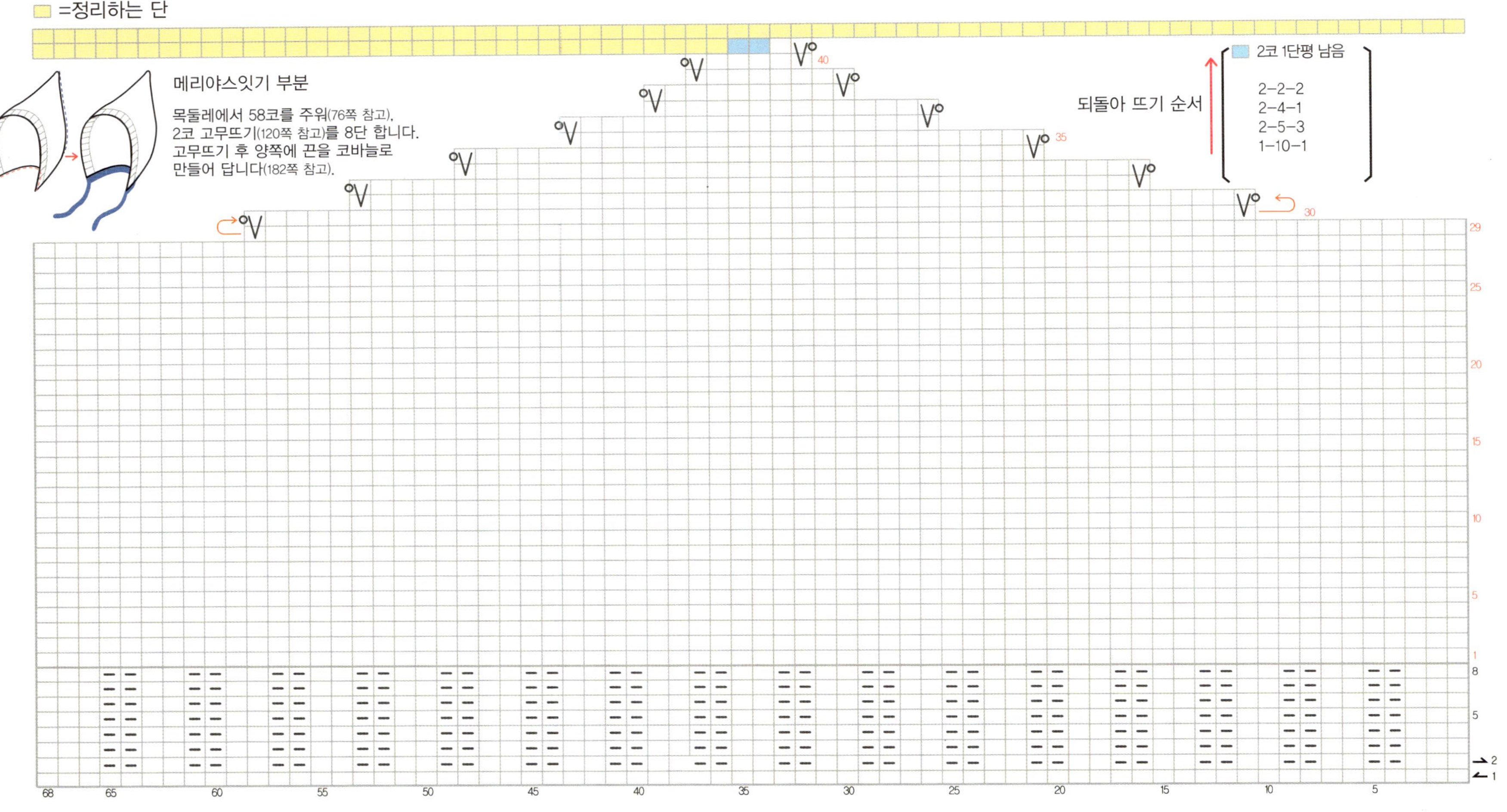

❶ 사슬뜨기로 36코를 만든 후 사슬 1코를 떠서 기둥코를 세웁니다.

❷ 기둥코를 세웠던 사슬뜨기 부분이 첫코의 시작 위치입니다.

❸ 첫코에 바늘을 넣습니다.

❹ 바늘에 실을 한 번 감아 코에서 빼냅니다.

❺ 바늘에 2개의 고리가 생겼습니다.

❻ 다시 바늘에 실을 한 번 감습니다.

❼ 2개의 고리를 한번에 빼냅니다.

❽ 다음 코에 바늘을 넣어 ❸~❼을 계속 반복합니다.

12 키즈 이솝우화 후드 머플러

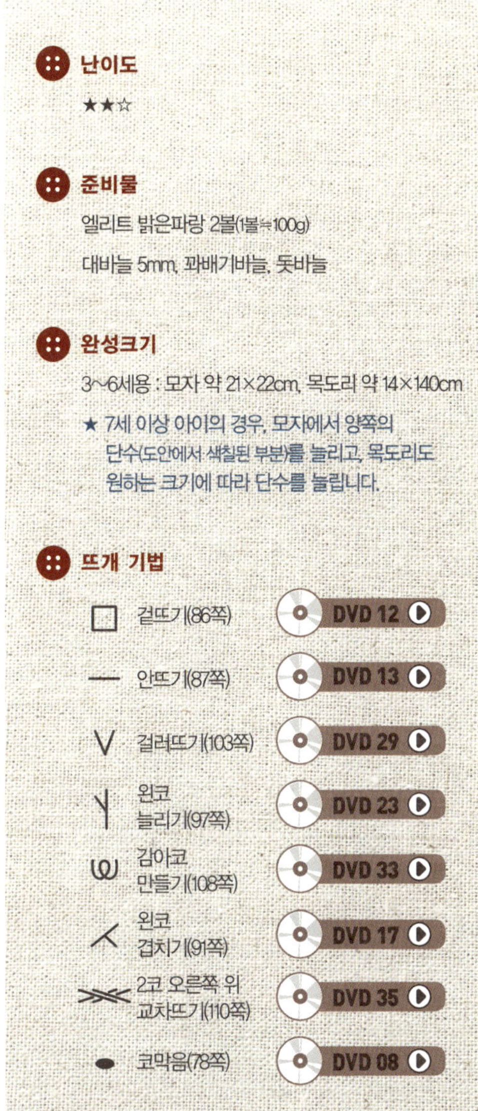

⊞ 난이도
★★☆

⊞ 준비물
엘리트 밝은파랑 2볼(1볼≒100g)

대바늘 5mm, 꽈배기바늘, 돗바늘

⊞ 완성크기
3~6세용 : 모자 약 21×22cm, 목도리 약 14×140cm

★ 7세 이상 아이의 경우, 모자에서 양쪽의
단수(도안에서 색칠된 부분)를 늘리고, 목도리도
원하는 크기에 따라 단수를 늘립니다.

⊞ 뜨개 기법

□ 겉뜨기(86쪽)		DVD 12
— 안뜨기(87쪽)		DVD 13
V 걸러뜨기(103쪽)		DVD 29
Y 왼코 늘리기(97쪽)		DVD 23
ʊ 감아코 만들기(108쪽)		DVD 33
⋋ 왼코 겹치기(91쪽)		DVD 17
⋈ 2코 오른쪽 위 교차뜨기(110쪽)		DVD 35
● 코막음(78쪽)		DVD 08

모자 만드는 방법

1 5mm 대바늘을 사용하여 기본 코잡기로 40코를 만듭니다.

2 도안을 참고하여 처음 34단까지 뜹니다.

3 계속해서 뜨면서 모자의 정수리 부분의 코를 줄였다가 다시 늘립니다.

4 코 줄임과 늘림이 끝나면 그 다음 34단을 뜬 후 코막음을 합니다.

5 모자는 반으로 접어 돗바늘로 솔기(★-★)를 꿰맵니다.

[모자]

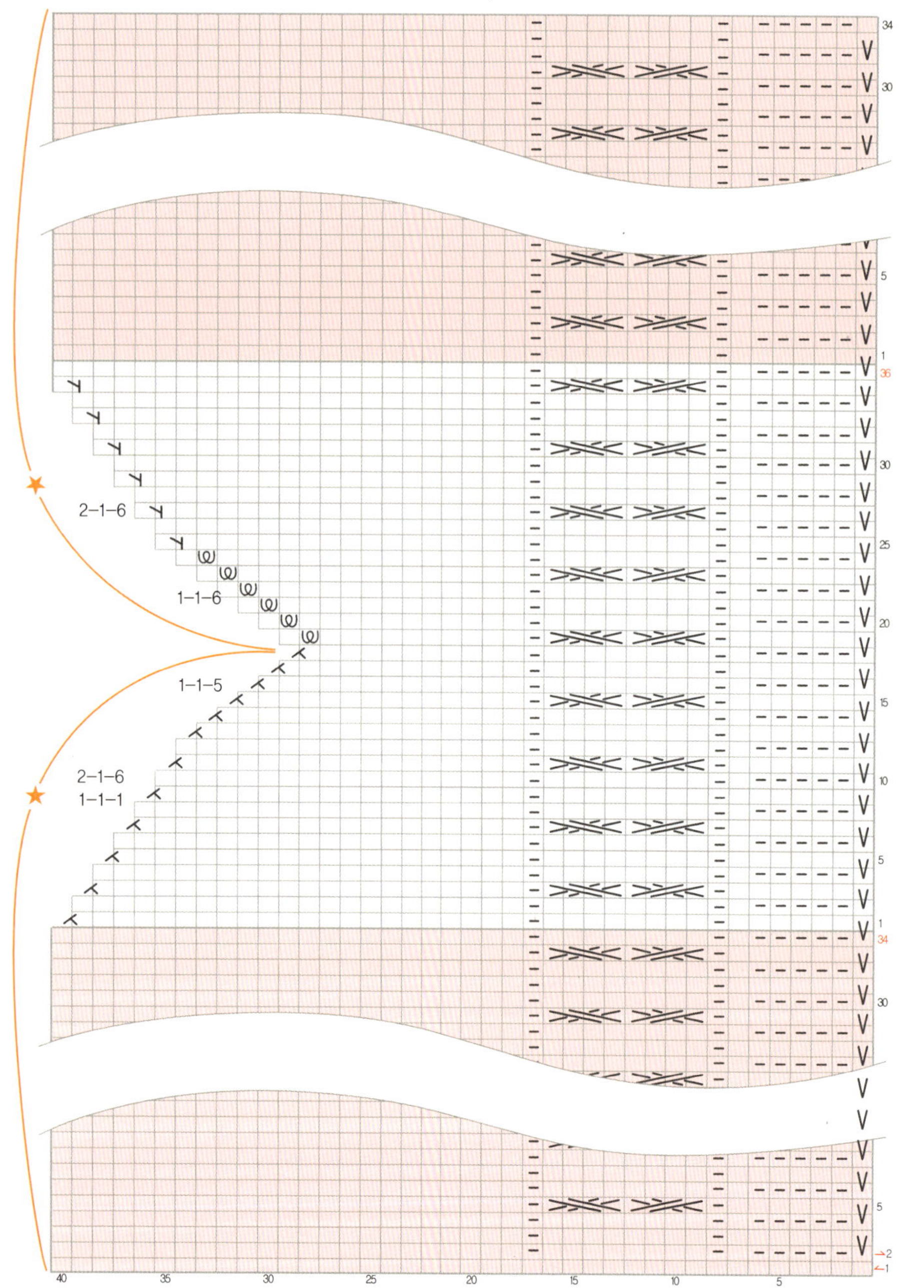

목도리 만드는 방법

5mm 대바늘을 사용하여 일반 코잡기로 28코를 만들어 도안대로 140cm(약 322단)를 뜹니다.

[목도리]

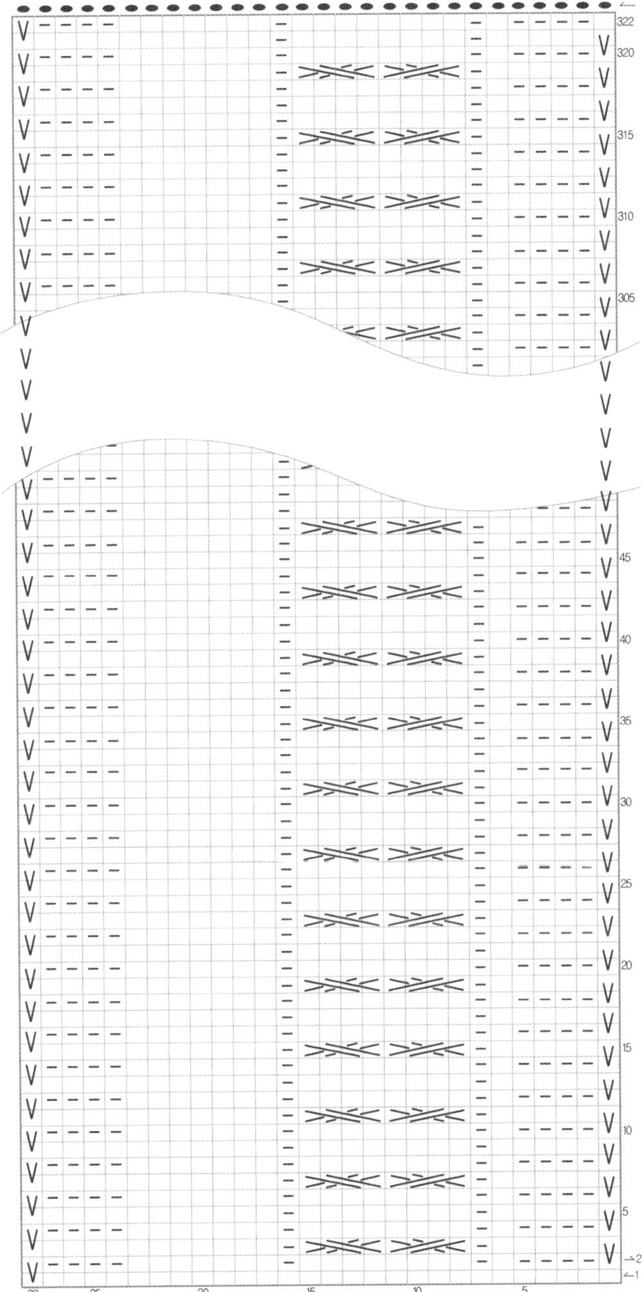

모자와 목도리 연결하는 방법

목도리 중앙에 모자를 놓고 돗바늘로 꿰매면 완성입니다.

13 젤리 빈 방울 비니

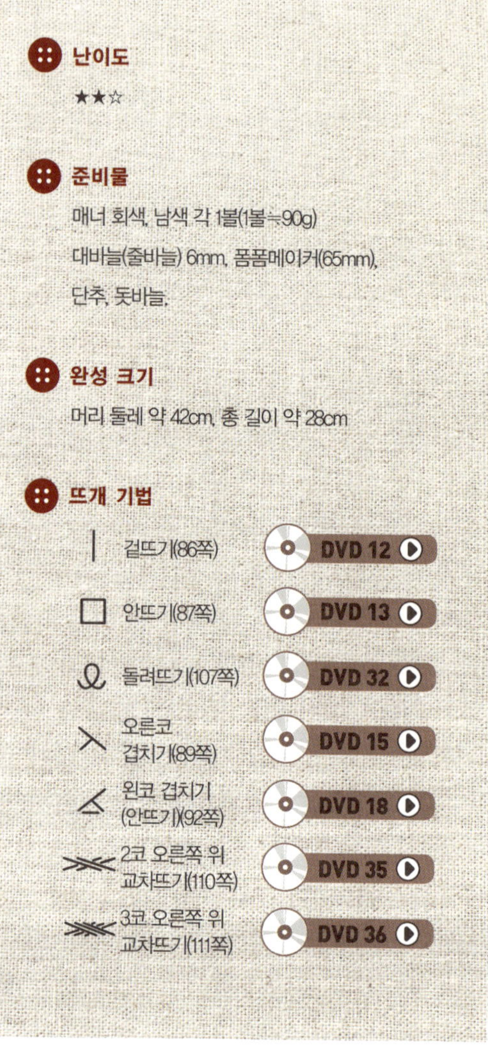

난이도

★★☆

준비물

매너 회색, 남색 각 1볼(1볼≒90g)

대바늘(줄바늘) 6mm, 폼폼메이커(65mm),

단추, 돗바늘.

완성 크기

머리 둘레 약 42cm, 총 길이 약 28cm

뜨개 기법

겉뜨기(86쪽)	DVD 12
안뜨기(87쪽)	DVD 13
돌려뜨기(107쪽)	DVD 32
오른코 겹치기(89쪽)	DVD 15
왼코 겹치기 (안뜨기)(92쪽)	DVD 18
2코 오른쪽 위 교차뜨기(110쪽)	DVD 35
3코 오른쪽 위 교차뜨기(111쪽)	DVD 36

Tip 평뜨기 주의사항 ··

평뜨기는 편물을 앞뒤로 뒤집어가며 단을 왔다갔다 뜨는 것을 말합니다. 따라서 평뜨기에서는 도안을 화살표 방향에 따라 왔다갔다 보아야 합니다. 처음 코잡은 단이 1단이고, 2단부터 뜨기 시작합니다. 도안은 앞에서 보았을 때의 무늬를 표기한 것이므로, 되돌아오며 뜨는(왼쪽에서 오른쪽) 짝수 단은 기호와 반대로(겉뜨기는 안뜨기로, 안뜨기는 겉뜨기로) 떠야 합니다.

Tip 원형뜨기 주의사항 ··

원형뜨기는 편물이 동그랗게 이어지도록 한쪽 방향으로 뜨는 것을 말합니다. 즉, 원형뜨기는 편물의 앞뒤가 바뀌지 않습니다. 도안을 볼 때도 한쪽 방향으로만 보면서 뜨고(오른쪽에서 왼쪽), 도안의 기호와 동일하게 뜹니다.

만드는 방법

1 6mm 대바늘을 사용하여 회색 실로 기본 코잡기 74코를 만듭니다.

2 도안을 참고하여 ❶을 뜨고, 실을 여유롭게 잘라 돗바늘을 2번 정도 통과하여 당겨 오므립니다.

3 ❶에서 처음 코잡은 단에서 회색실로 74코를 주워 ❷를 뜹니다(도안을 돌려서 보면 편리합니다).

4 모자의 옆 솔기를 돗바늘로 연결합니다.

5 남색 실로 모자의 안쪽을 만드는데, 양쪽 시접코를 뺀 나머지 72코만 안쪽에서 코를 주워 원형뜨기로 ❸을 뜹니다.

6 2겹이 된 아래 테두리 부분을 돗바늘로 연결합니다.

7 폼폼메이커를 사용하여 남색 실로 방울을 만들고(156쪽 참고) 실을 정리합니다.

8 머리 둘레 선에 맞춰 단추를 달아 완성합니다.

★ 귀마개 부분의 단추 구멍 테두리를 버튼홀스티치로 꾸며 봅니다.

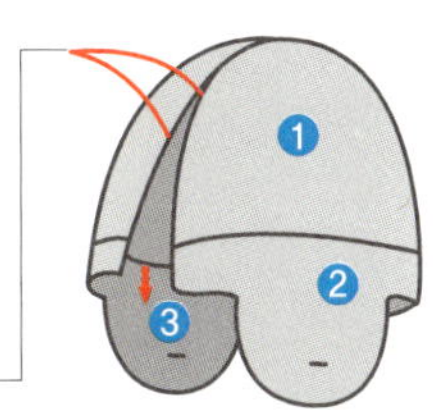

❸을 뜬 모습.
2겹이 된 부분을
연결합니다.

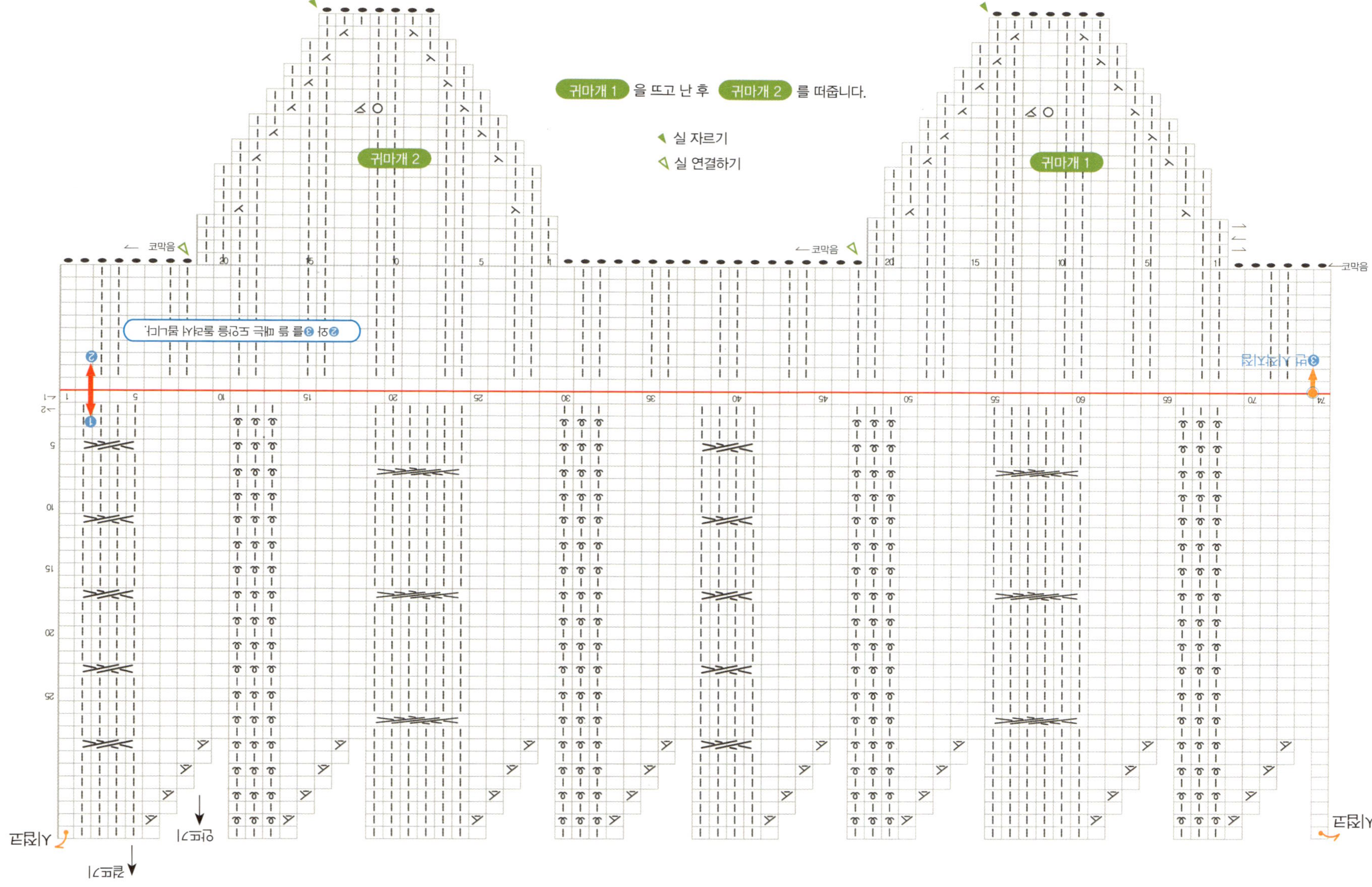

귀마개 1 을 뜨고 난 후 귀마개 2 를 떠줍니다.
실 자르기
실 연결하기
귀마개 2
귀마개 1
코막음
시작코
겉뜨기
안뜨기

14 달콤한 시간 후드 넥워머

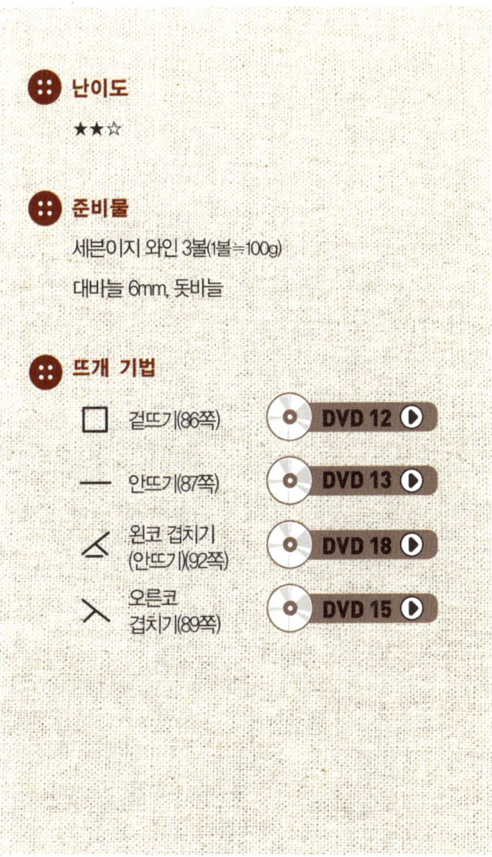

만드는 방법

1 6mm 대바늘을 사용하여 기본 코잡기로 122코를 만들어 1:2 고무뜨기를 뜹니다.

2 58단까지 뜨고 59단(모자의 1단과 같습니다)에서 안뜨기 2코를 1코씩 줄여 82코로 만듭니다. (마지막 안뜨기 2코는 줄이지 않고 떠야 82코가 만들어 집니다)

3 82코를 메리야스뜨기로 54단까지 뜨고, 도안을 참고하여 머리 정수리 부분의 코를 줄입니다.

4 남아 있는 코는 반으로 접어 메리야스잇기로 연결합니다.

5 넥워머 앞쪽 솔기를 연결합니다.

6 모자의 얼굴 부분 둘레에서 134코를 주워 1코 고무뜨기 10단을 뜨고 코막음합니다.

7 고무뜨기한 둘레를 안으로 반 접어 안쪽에서 돗바늘로 감침질합니다.

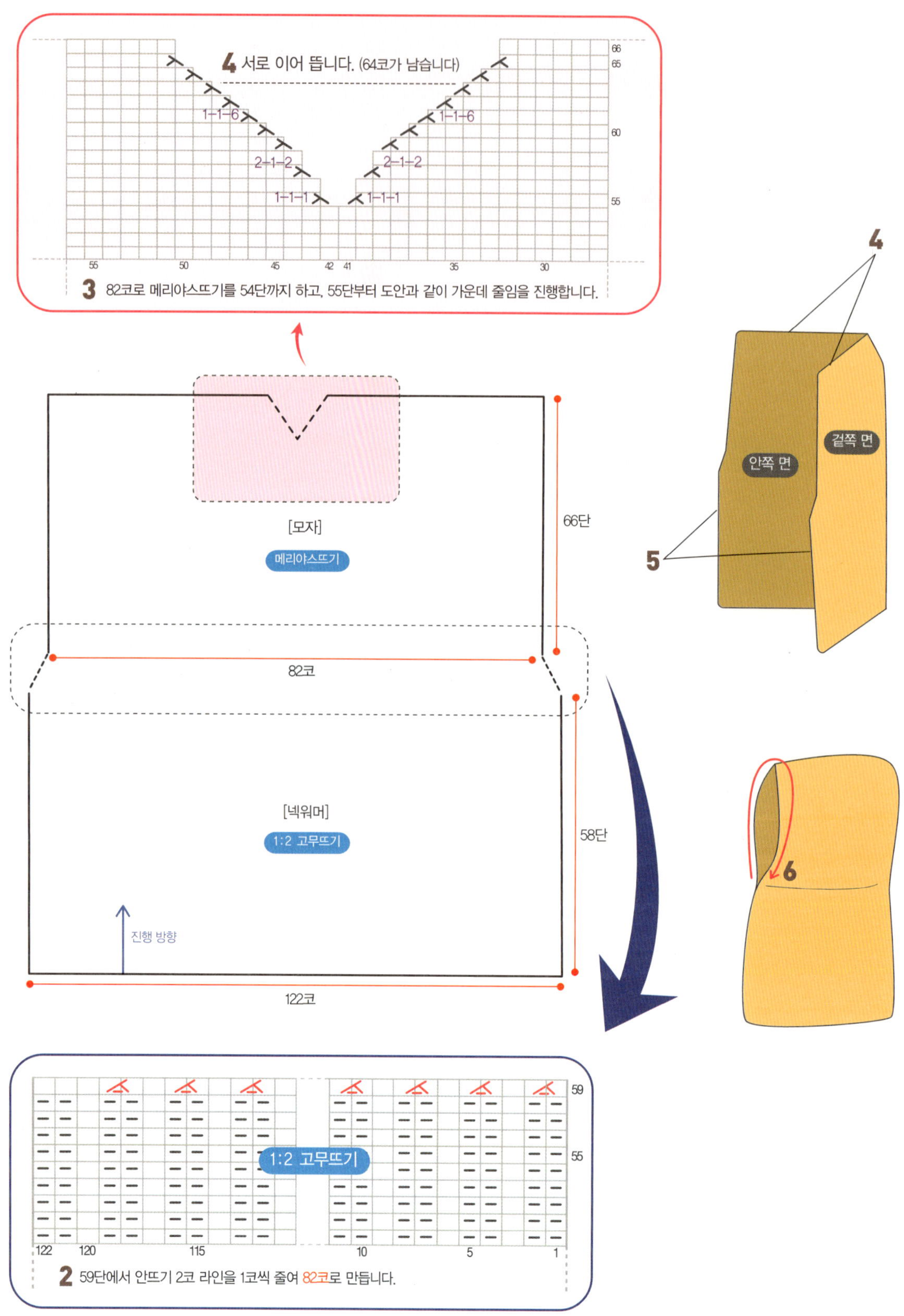

3 82코로 메리야스뜨기를 54단까지 하고, 55단부터 도안과 같이 가운데 줄임을 진행합니다.

2 59단에서 안뜨기 2코 라인을 1코씩 줄여 82코로 만듭니다.

15 즐거운 생각 핸드워머

난이도

★☆☆

준비물

로덴 그린 1볼(1볼≒50g)

대바늘(줄바늘) 7mm

완성크기

약 8.5×20cm

뜨개 기법

☐ 겉뜨기(86쪽) DVD 12

— 안뜨기(87쪽) DVD 13

V 걸러뜨기(103쪽) DVD 29

Ω 돌려뜨기(107쪽) DVD 32

● 코막음(78쪽) DVD 08

만드는 방법

1 7mm 대바늘(줄바늘)를 사용하여 원형 코잡기로 28코를 만듭니다(73쪽 참고).

2 손목 부분을 도안대로 16단(약 7cm)을 뜹니다.

3 계속해서 메리야스뜨기(116쪽 참고)로 8단(약 3.5cm)을 뜹니다.

4 도안을 참고하여 엄지가 나올 부분을 평뜨기로 8단(약 3.5cm)을 뜹니다.

5 다시 원형으로 메리야스뜨기 14단(약 6cm)을 뜬 후 코막음하여 완성합니다.

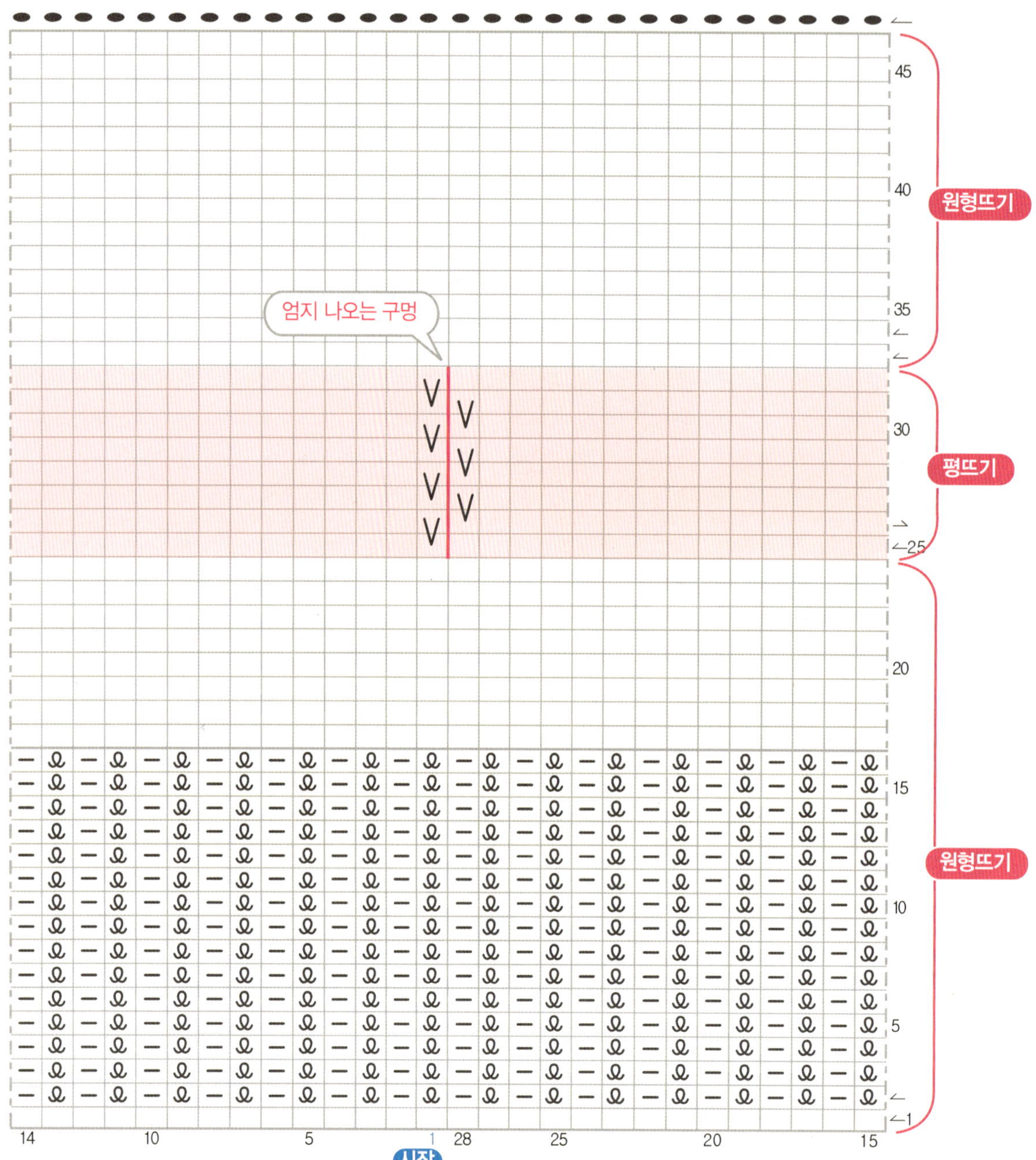
엄지 나오는 구멍
원형뜨기
평뜨기
원형뜨기
45
40
35
30
25
20
15
10
5
1
14
10
5
1
28
25
20
15
시작

16 오스카 핸드워머

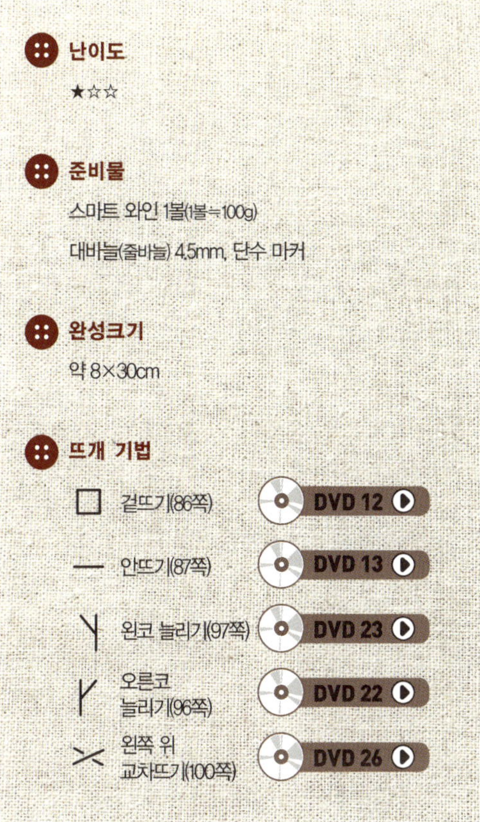

난이도
★☆☆

준비물
스마트 와인 1볼(1볼≒100g)
대바늘(줄바늘) 4.5mm, 단수 마커

완성크기
약 8×30cm

뜨개 기법
□ 겉뜨기(86쪽) — DVD 12
— 안뜨기(87쪽) — DVD 13
⅄ 왼코 늘리기(97쪽) — DVD 23
⅄ 오른코 늘리기(96쪽) — DVD 22
✕ 왼쪽 위 교차뜨기(100쪽) — DVD 26

만드는 방법

1 4.5mm 대바늘(줄바늘)로 원형 코잡기 44코를 만듭니다(73쪽 참고).

2 1코 고무뜨기(118쪽)를 10단 뜹니다.

3 도안을 참고하여 무늬뜨기 19cm(약 60단)을 뜨고 엄지 부분을 코늘림하여 만듭니다.

4 엄지 부분을 12코(12단) 늘린 후 양쪽의 코와 함께 14코를 쉼코로 둡니다(24, 25코 사이에서 엄지가 만들어집니다).
　★ 쉼코 두기: 나중에 떠야 하는 14코를 안전핀에 옮겨 놓습니다.
　　　　　　　콧수가 많지 않으면 단수 마커에 옮겨 놓아도 좋습니다.

5 손등과 손바닥 부분의 코는 다시 원형뜨기로 뜹니다.

6 무늬뜨기 길이가 26cm(약 79단)가 될 때까지 뜨고 1코 고무뜨기로 6단 뜬 후 코막음합니다.

7 엄지 부분에 실을 달아 원형뜨기로 1코 고무뜨기 6단을 뜨고 코막음합니다.

8 대칭으로 다른 쪽을 떠서 완성합니다.
　★ 반대쪽 장갑은 같은 방법으로 뜨고 엄지의 위치만 42, 43코 사이(—)에서 만들면 됩니다.

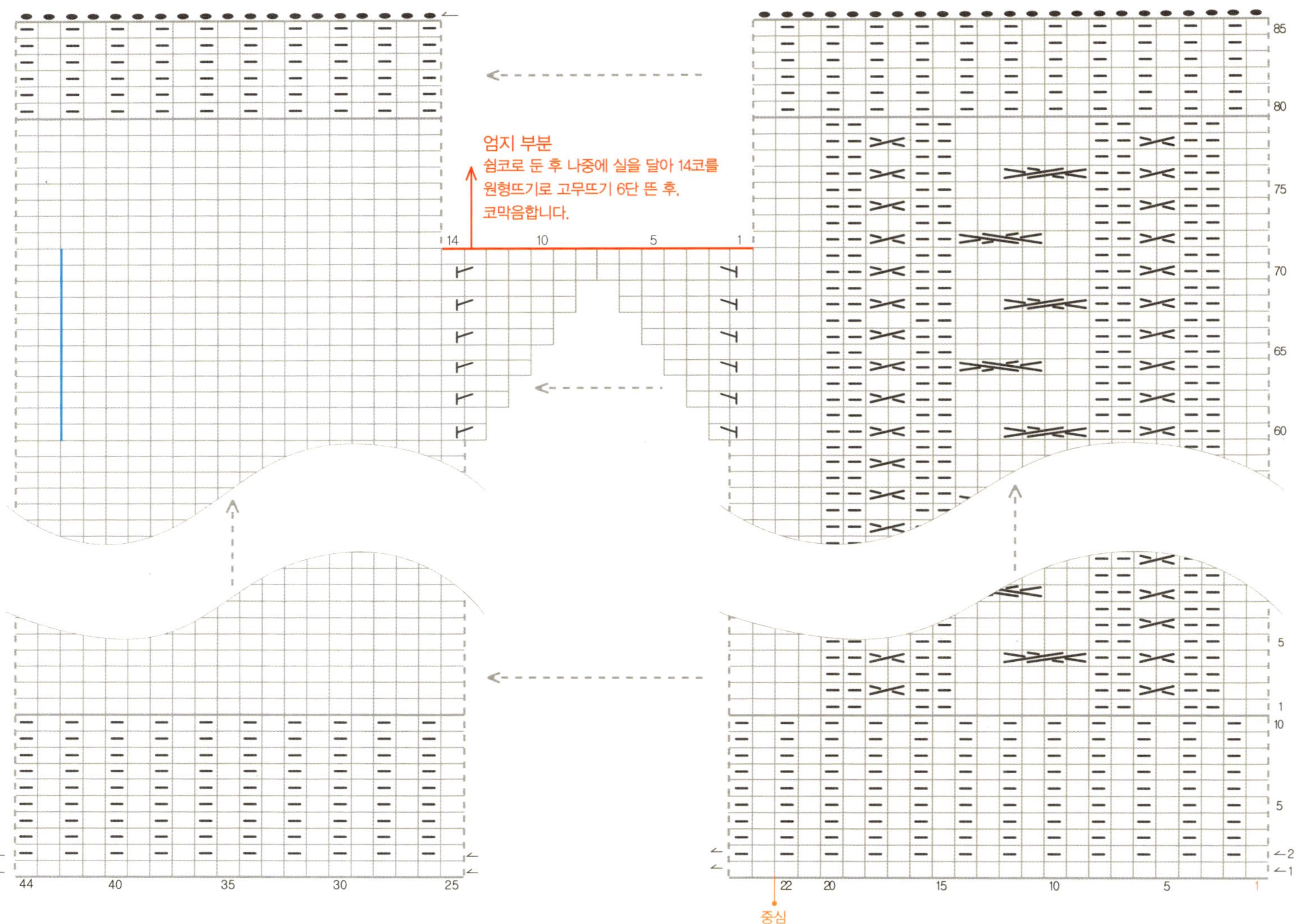

194

17 겨울 여행 벙어리장갑

난이도

★☆☆

준비물

라세누 진회색 2볼(1볼=40g)

대바늘(줄바늘) 4mm, 대바늘(줄바늘) 5mm,

꽈배기바늘, 돗바늘, 안전핀

완성크기

약 9.5×25cm

뜨개 기법

겉뜨기(86쪽)	DVD 12
안뜨기(87쪽)	DVD 13
감아코 만들기(108쪽)	DVD 33
오른코 겹치기 (안뜨기)(90쪽)	DVD 16
왼코 겹치기(91쪽)	DVD 17
왼쪽 위 교차뜨기 (오른쪽 안뜨기)(102쪽)	DVD 28
오른쪽 위 교차뜨기 (왼쪽 안뜨기)(100쪽)	DVD 26
3코 오른쪽 위 교차뜨기(111쪽)	DVD 36

만드는 방법

1 4mm 대바늘(줄바늘)을 사용하여 기본 코잡기로 28코를 만들고, 원형뜨기로 2코 고무뜨기 6.5cm(약 16단)를 뜹니다.

2 5mm 대바늘(줄바늘)로 바꿔서 도안에 따라 뜹니다.

3 엄지가 들어갈 곳에서는 'Tip 엄지 만들기'를 참고하고, 도안대로 떠 나가다가 마지막에 돗바늘을 코에 통과시켜 오므립니다.

4 엄지 뜨기 : 쉼코와 감아코, 양쪽 1코씩 주워 총 12코를 만들어 엄지 도안대로 뜨고, 돗바늘을 통과시켜 오므립니다.

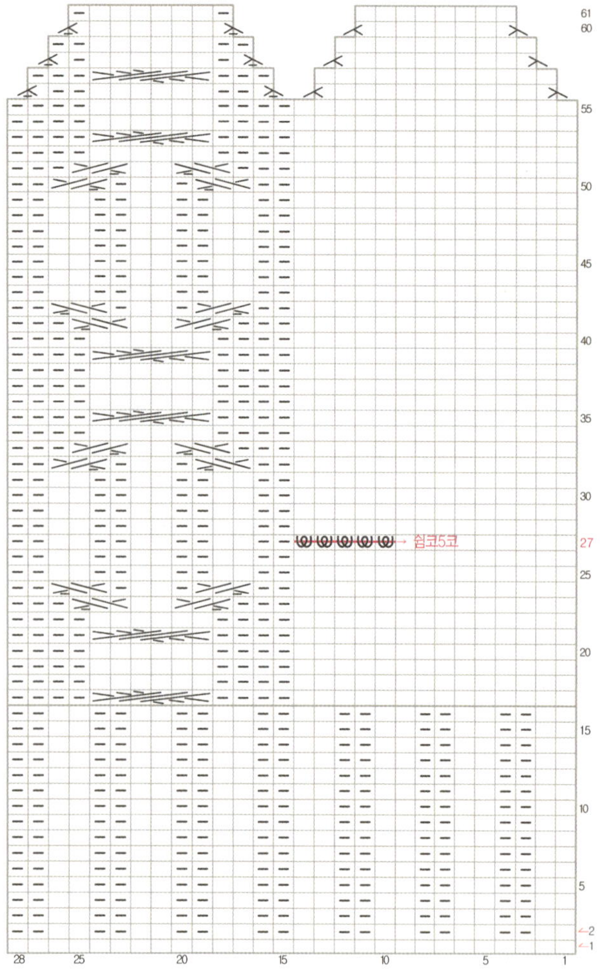

쉼코5코

61
60

55

50

45

40

35

30

27

25

20

15

10

5

←2
←1

28 25 20 15 10 5 1

[엄지]

12

10

5

1

12 10 5 1

5코
1코   1코
5코

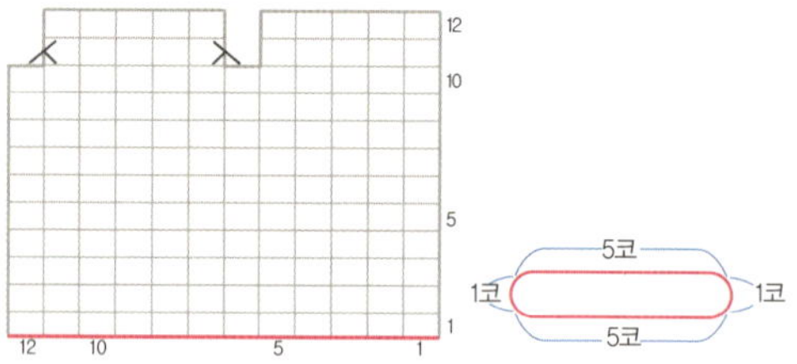

Tip 엄지 만들기

1 쉼코 5코를 안전핀에 옮깁니다.

2 쉼코만큼 오른쪽 바늘에 감아코를 만듭니다. 다음 코부터는 도안에 따라 뜹니다.

3 엄지 부분에 구멍이 생긴 모습입니다.

4 위쪽 6코(감아코 5코+오른쪽 끝코 1코)와 아래쪽 6코(쉼코 5코+왼쪽 끝코 1코)에 줄바늘을 넣어서 도안에 따라 뜹니다.

18 두손 모아 하트 장갑

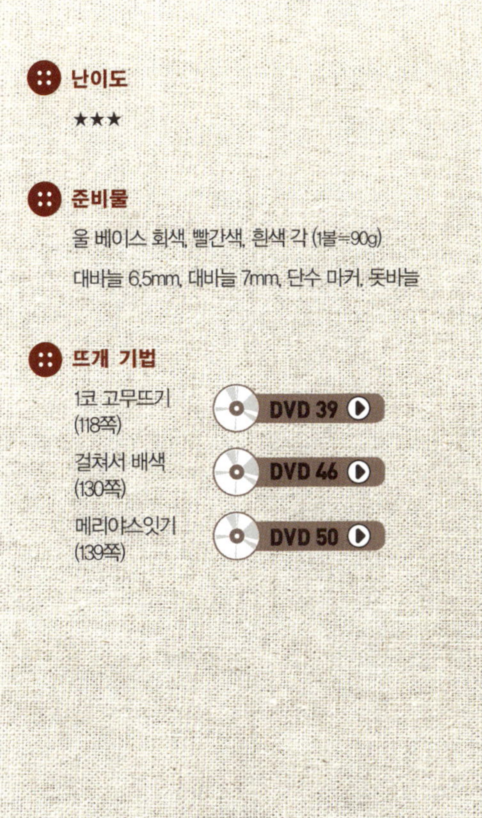

난이도
★★★

준비물
올 베이스 회색, 빨간색, 흰색 각 (1볼≒90g)
대바늘 6.5mm, 대바늘 7mm, 단수 마커, 돗바늘

뜨개 기법
1코 고무뜨기
(118쪽)　　DVD 39

걸쳐서 배색
(130쪽)　　DVD 46

메리야스잇기
(139쪽)　　DVD 50

만드는 방법

1 6.5mm 대바늘을 사용하여 원형 코잡기로 20/22코를 만들어 1코 고무뜨기 10단을 뜹니다.

2 7mm 대바늘로 바꾸어 엄지를 도안과 같이 늘린 후 엄지 부분은 쉼코로 두고 계속 뜹니다.
　★ 쉼코 두기: 나중에 떠야 하는 10코를 안전핀에 옮겨 놓습니다.
　　　　　　　 콧수가 많지 않으면 단수 마커에 옮겨 놓아도 좋습니다.

3 총 33/35단까지 뜨고 2단은 흰색으로 배색을 넣습니다.

4 도안을 참고하여 줄이고, 마지막에 8/10코가 남으면 돗바늘을 사용하여 메리야스잇기를 합니다.

5 엄지 부분에 쉼코로 두었던 코에 실을 달아(◀) 원형으로 7단 뜬 후, 8단에서 줄임하여 남은 5코는 돗바늘로 통과시켜 오므립니다.

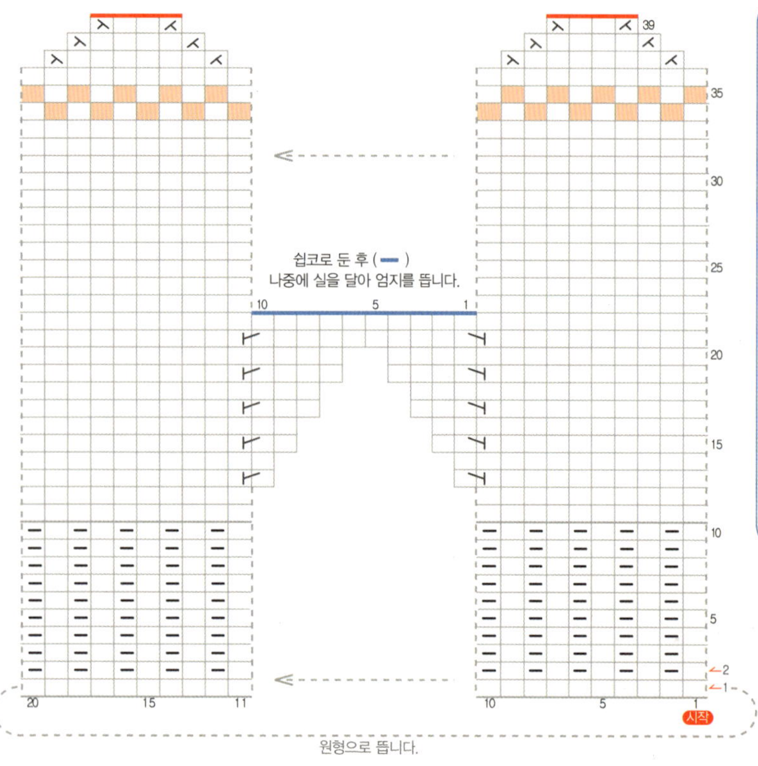

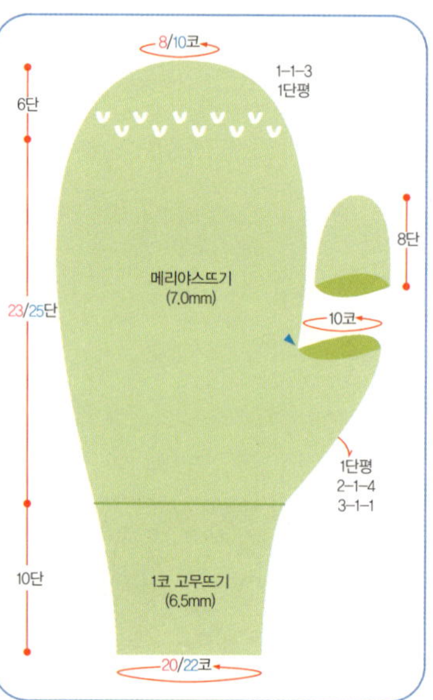

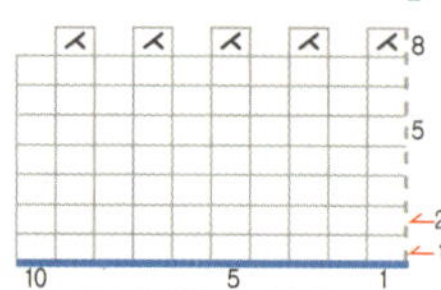

(▲) 부분에 실을 달아 원형으로 엄지를 뜹니다.
남아 있는 5코는 돗바늘을 이용하여 실을 통과시킨 후
오므립니다.

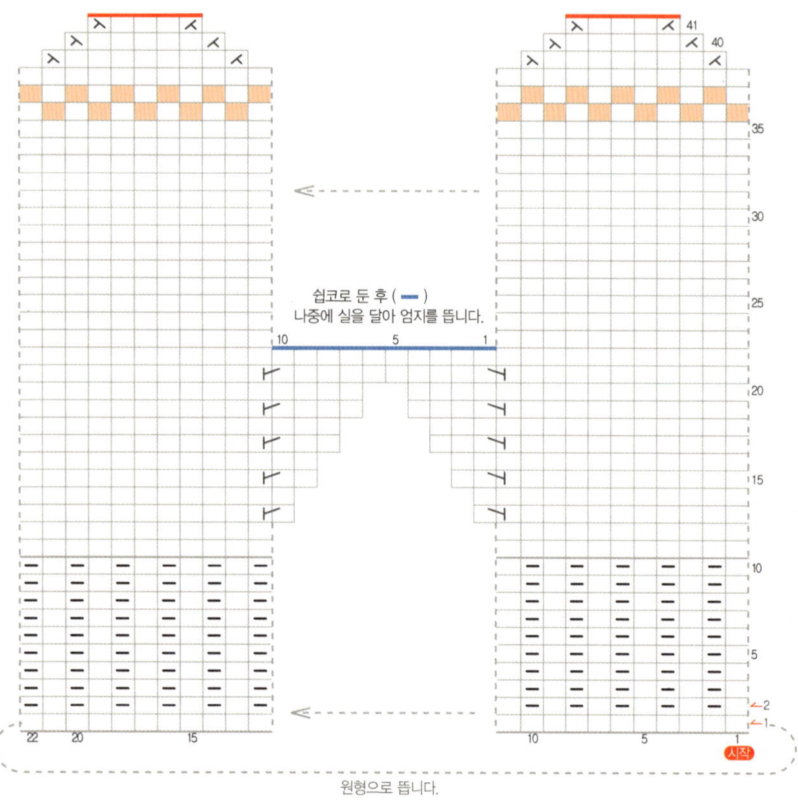

하트 장갑 만드는 방법

1 7mm 대바늘(줄바늘)을 사용하여 기본 코잡기로 14코를 만들어 ❶을 먼저 만듭니다.

2 도안과 같이 왼쪽으로 코를 늘리는데 끝에서 두 번째 코에서 늘립니다.

3 17코로 늘리면서 흰색으로 배색을 넣습니다.

4 윗부분도 양쪽에서 두 번째 코에서 줄임을 하고 남아 있는 13코는 코막음합니다.

5 ❷를 만들기 위해 ◢에 실을 달아 단에서 17코를 줍습니다.

6 도안을 참고하여 만들고 남아 있는 13코를 코막음합니다.

7 같은 방법으로 실 색상만 바꾸어 1장 더 뜹니다.

8 만들어 놓은 하트를 안쪽이 마주보게 겹쳐 놓고 (─) 부분을 돗바늘로 연결합니다.

9 손이 들어가는 부분에는 실을 달아 둘레에서 22코 주워 원형으로 1코 고무뜨기 6단을 뜹니다.

10 실 정리를 하고 다림질을 하여 완성합니다.

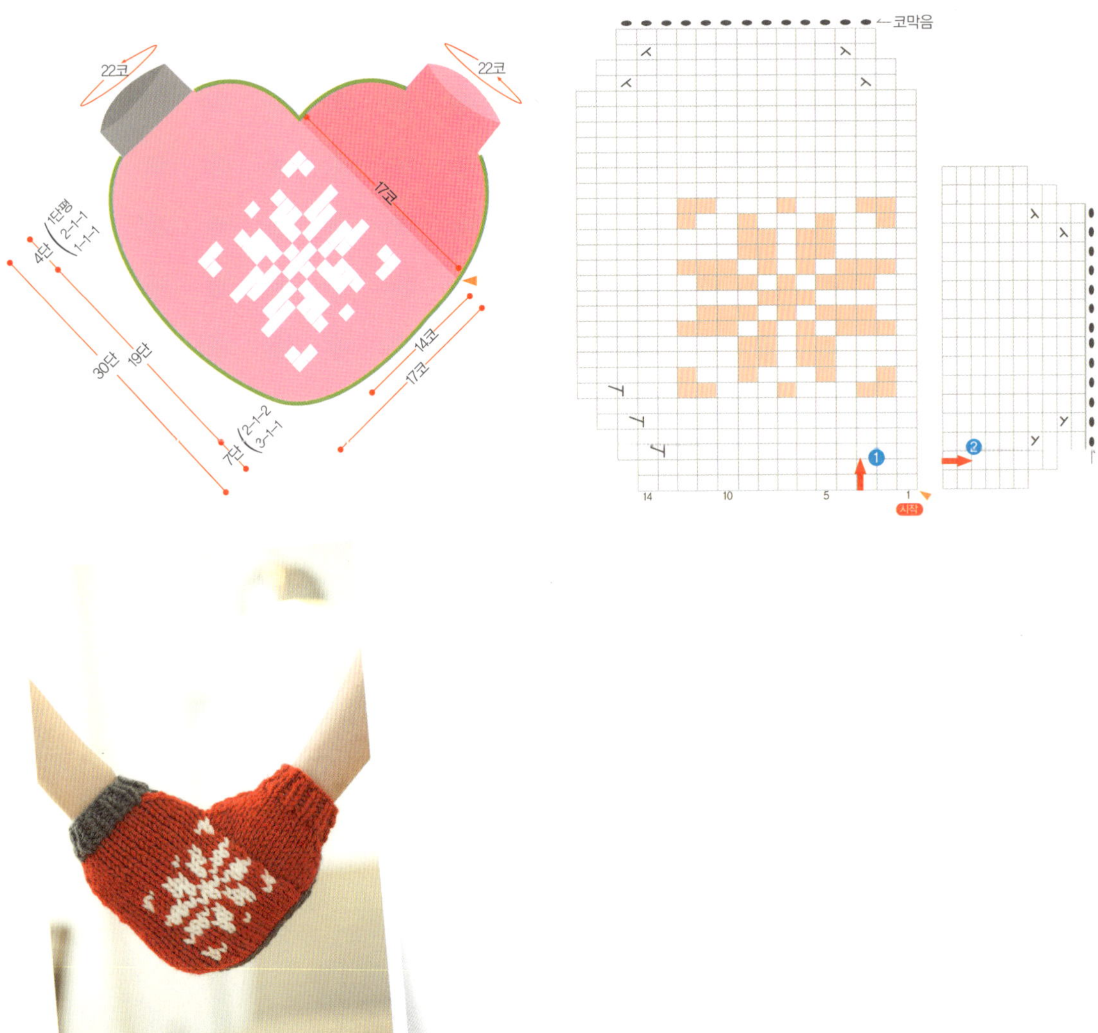

19 즐거운 날 베스트

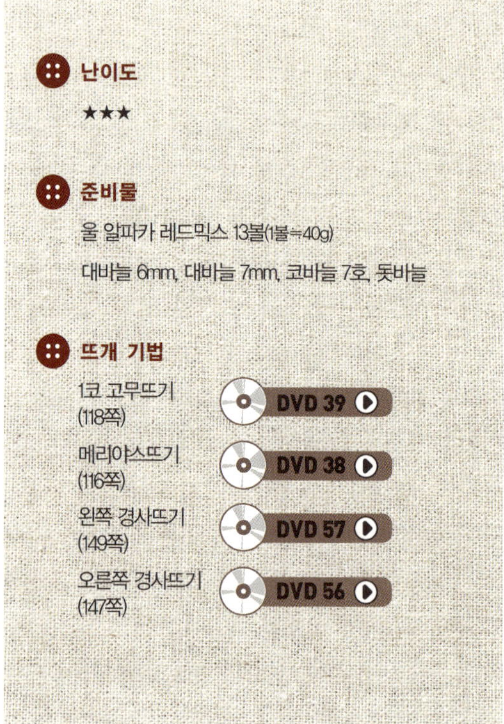

난이도

★★★

준비물

울 알파카 레드믹스 13볼(1볼=40g)

대바늘 6mm, 대바늘 7mm, 코바늘 7호, 돗바늘

뜨개 기법

1코 고무뜨기 (118쪽) — DVD 39

메리야스뜨기 (116쪽) — DVD 38

왼쪽 경사뜨기 (149쪽) — DVD 57

오른쪽 경사뜨기 (147쪽) — DVD 56

등판 만드는 방법(M사이즈)

1 6mm 대바늘을 사용하여 기본 코잡기 74코를 만들고, 1코 고무뜨기 14단(약 8cm)을 뜹니다.

2 7mm 대바늘로 바꾸어 메리야스뜨기 84단(약 51cm)을 뜹니다. 이때 위쪽 32단(약 19cm)은 진동둘레가 됩니다.

3 도안과 같이 어깨처짐을 경사뜨기로 뜹니다.

4 양쪽 어깨(23코)와 뒷목둘레(28코)의 코를 각각 안전핀에 쉼코로 둡니다.

등판 만드는 방법(L사이즈)

1 6mm 대바늘을 사용하여 기본 코잡기 78코를 잡아, 1코 고무뜨기 14단을 뜹니다.

2 7mm 대바늘로 바꾸어 메리야스뜨기 84단을 뜹니다. 이때 위쪽 32단은 진동둘레가 됩니다.

3 도안과 같이 어깨처짐을 양쪽 경사뜨기로 뜹니다.

4 양쪽 어깨(24코)와 뒷목둘레(30코)의 코를 각각 안전핀에 쉼코로 둡니다.

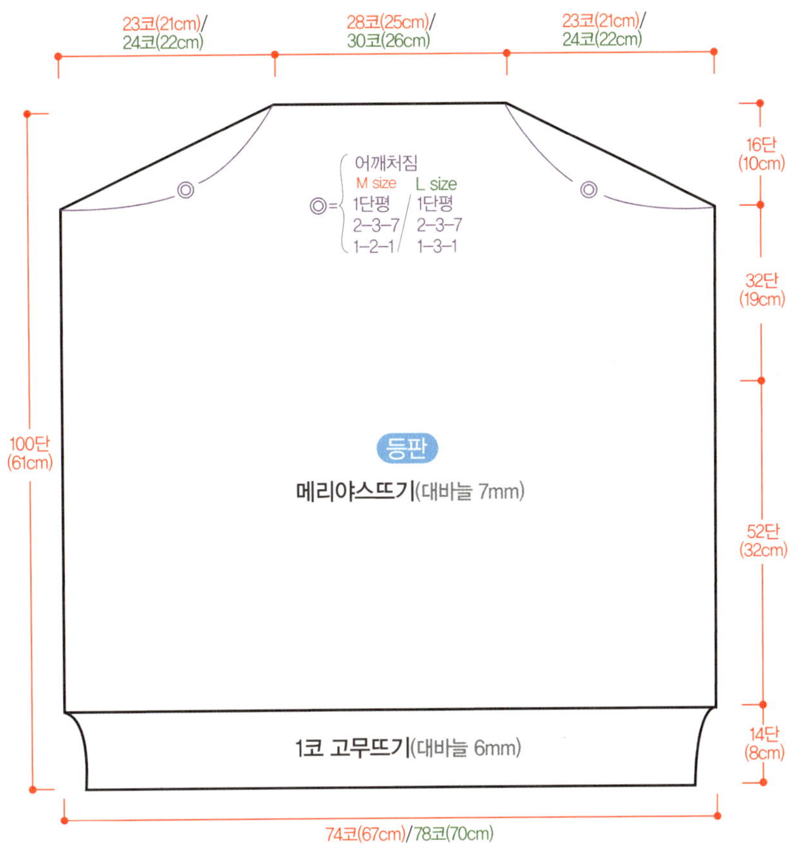

23코(21cm)/
24코(22cm)
28코(25cm)/
30코(26cm)
23코(21cm)/
24코(22cm)
16단
(10cm)
32단
(19cm)
52단
(32cm)
14단
(8cm)
100단
(61cm)
어깨처짐
M size   L size
1단평   1단평
2-3-7   2-3-7
1-2-1   1-3-1
등판
메리야스뜨기(대바늘 7mm)
1코 고무뜨기(대바늘 6mm)
74코(67cm)/78코(70cm)

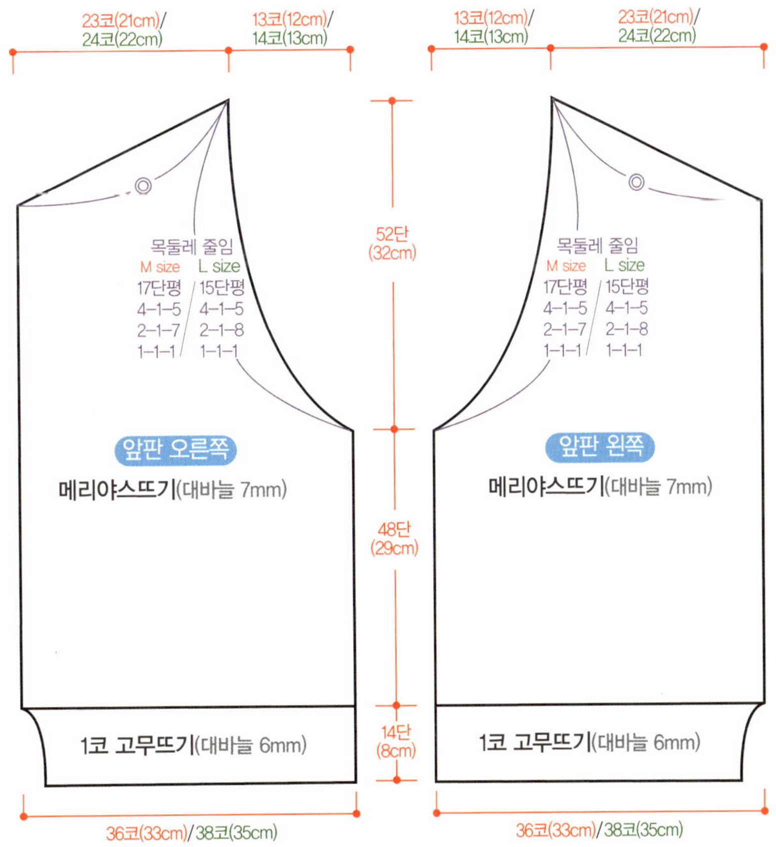

23코(21cm)/
24코(22cm)
13코(12cm)/
14코(13cm)
13코(12cm)/
14코(13cm)
23코(21cm)/
24코(22cm)
52단
(32cm)
48단
(29cm)
14단
(8cm)
목둘레 줄임
M size   L size
17단평   15단평
4-1-5   4-1-5
2-1-7   2-1-8
1-1-1   1-1-1
앞판 오른쪽
메리야스뜨기(대바늘 7mm)
1코 고무뜨기(대바늘 6mm)
36코(33cm)/38코(35cm)
목둘레 줄임
M size   L size
17단평   15단평
4-1-5   4-1-5
2-1-7   2-1-8
1-1-1   1-1-1
앞판 왼쪽
메리야스뜨기(대바늘 7mm)
1코 고무뜨기(대바늘 6mm)
36코(33cm)/38코(35cm)

앞판 만드는 방법(M사이즈)

1 6mm 대바늘을 사용하여 기본 코잡기 36코 잡아 1코 고무뜨기 14단(약 8cm)을 뜹니다.

2 7mm 대바늘로 바꾸어 메리야스뜨기 48단(약 29cm)을 뜹니다.

3 도안과 같이 목둘레 줄임을 합니다.

4 목둘레 줄임을 하면서 위쪽 16단에서는 어깨 부분을 경사뜨기로 떠서 어깨처짐을 만듭니다.

5 남아 있는 23코를 안전핀에 꽂아 쉼코로 둡니다.

6 앞판의 오른쪽과 왼쪽을 대칭으로 각각 뜹니다.

앞판 만드는 방법(L사이즈)

1 6mm 대바늘을 사용하여 기본 코잡기 38코 잡아 1코 고무뜨기 14단을 뜹니다.

2 7mm 대바늘로 바꾸어 메리야스뜨기 48단을 뜹니다.

3 도안과 같이 목둘레 줄임을 합니다.

4 목둘레 줄임을 하면서 위쪽 16단에서는 어깨 부분을 양쪽 경사뜨기로 떠서 어깨처짐을 만듭니다.

5 남아 있는 24코를 안전핀에 꽂아 쉼코로 둡니다.

6 앞판의 오른쪽과 왼쪽을 대칭으로 각각 뜹니다.

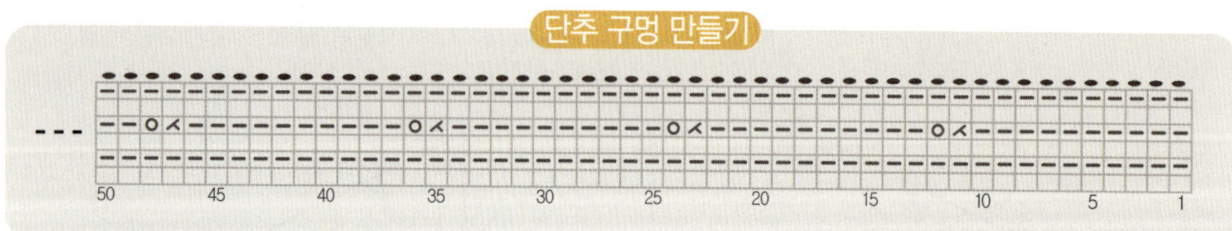

마무리하기

1 등판과 앞판의 겉을 마주보게 놓고 어깨코(—)를 코바늘을 사용하여 코막음합니다.

2 팔 부분을 약 18cm(30단) 정도 남기고, 등판과 앞판의 양쪽 옆솔기를 연결합니다.

3 6mm 대바늘로 오른쪽 앞단과 뒷목둘레(쉼코를 겉뜨기하면서 줍습니다)와 왼쪽 앞단에서 약 208코를 줍습니다.

4 도안과 같이 오른쪽 앞단에 단추 구멍 4개를 만들면서 가터뜨기로 6단 뜨고 코막음합니다.

5 6mm 대바늘로 진동둘레(팔)의 코를 50코 주워 1코 고무뜨기 6단을 뜨고 코막음합니다.

6 왼쪽 앞단에 단추 구멍에 맞게 단추를 달고 실을 정리하여 완성합니다.

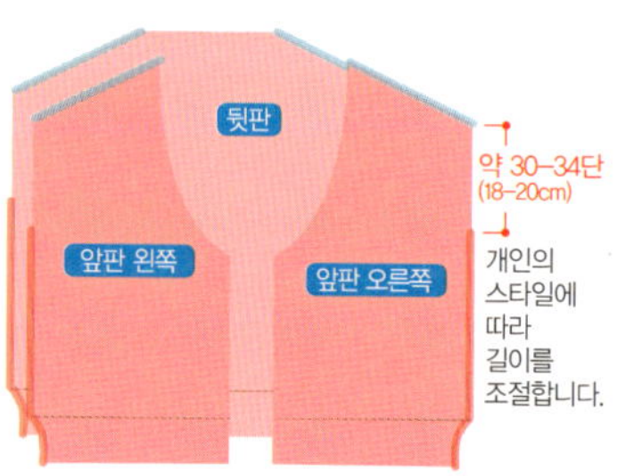

20 예감 좋은 날 오픈 베스트

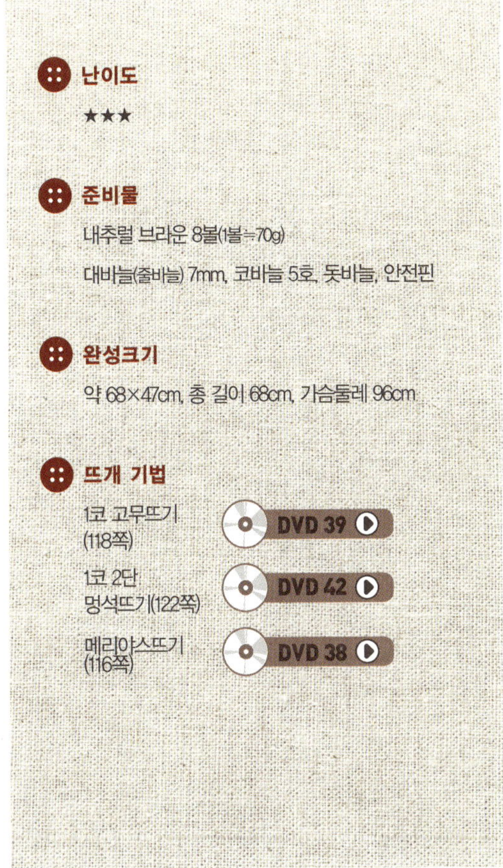

난이도
★★★

준비물
내추럴 브라운 8볼(1볼=70g)
대바늘(줄바늘) 7mm, 코바늘 5호, 돗바늘, 안전핀

완성크기
약 68×47cm, 총 길이 68cm, 가슴둘레 96cm

뜨개 기법
1코 고무뜨기
(118쪽) **DVD 39**

1코 2단
멍석뜨기(122쪽) **DVD 42**

메리야스뜨기
(116쪽) **DVD 38**

뒷판 만드는 방법

1 7mm 대바늘로 기본 코잡기 59코를 합니다.

2 1코 고무뜨기를 14단 뜹니다(코잡은 단이 첫 번째 단입니다).

3 15단부터 64단을 1코 2단 멍석뜨기로 뜨고, 그 다음 단부터 양쪽 진동줄임합니다.

4 진동줄임 후에 평단으로 27단 뜨고, 뒷목파임을 하는데, 오른쪽 어깨부터 4단을 줄이면서 뜹니다. 오른쪽에서 실을 여유롭게 자르고(▼) 안전핀을 꽂아 쉼코로 둡니다.

5 (▽)실을 달아서 25코를 코막음하고, 왼쪽 어깨 부분 4단을 진동줄임하여 마찬가지로 오른쪽에서 실을 여유롭게 자르고(▼) 쉼코로 둡니다.

앞판 만드는 방법

1 7mm 대바늘로 기본 코잡기 27코를 합니다.

2 1코 고무뜨기(첫코와 끝코는 2코씩 겉뜨기 무늬로 합니다)로 14단을 뜹니다.

3 그 다음 단부터는 1코 2단 멍석뜨기로 22단을 뜨다가 양쪽 5코는 그대로 1코 2단 멍석뜨기로, 가운데 17코는 총 3코를 늘려서(왼코 늘리기 또는 오른코 늘리기) 21코로 1코 고무뜨기를 6단만 뜹니다.

4 양쪽 5코씩은 안전핀을 꽂아 쉼코로 두고, 가운데 21코 고무뜨기 부분은 코막음을 합니다.

5 앞판 뒷면의 고무뜨기 마지막 단 가운데에서(그림 참고) 17코를 주워 메리야스뜨기 28단을 뜹니다.

6 쉼코로 두었던 5코와 함께 총 27코로 1코 2단 멍석무늬를 36단 뜹니다.

7 그 다음 단부터 한쪽만 진동줄임을 합니다.

8 그 다음 단부터 도안대로 줄이고, 평단 9단 뜬 후, 목파임을 시작합니다.

9 도안대로 줄이고, 평단 13단을 떠서 10코를 안전핀을 꽂아 쉼코로 둡니다 (실은 여유롭게 자릅니다).

10 주머니 양쪽 라인은 돗바늘로 안쪽 면에서 감침질하여 주머니를 완성합니다.

11 앞판 왼쪽은 대칭이 되게 하여 만듭니다.

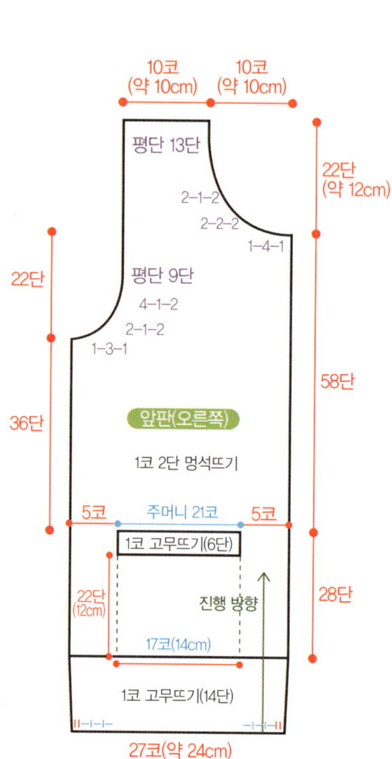

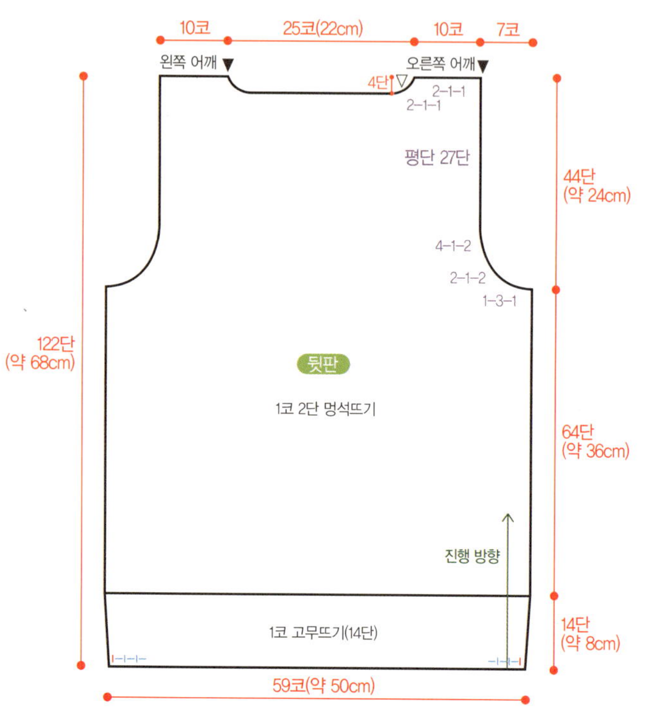

앞단 만드는 방법

1 7mm 대바늘로 앞라인에서 코를 89코 줍습니다.

2 1코 고무뜨기로 8단(약 3cm) 뜹니다. 처음 2코와 마지막 2코는 겉뜨기를 합니다.

3 단추 구멍을 내려면 위치를 적당하게 미리 체크하고, 단추 크기에 따라 1코 단추 구멍 혹은 2코 단추 구멍을 만듭니다(오른쪽에만).

4 왼판과 오른판 모두 앞단을 만듭니다.

[앞단]

[연결]

연결하기

1 쉼코로 두었던 어깨(─)를 코바늘 5호로 빼뜨기(Tip 참고)하여 연결합니다. 실을 여유롭게 잘라 주었던 것으로 빼뜨기합니다.

2 그 다음 양옆 솔기(─)를 돗바늘로 연결합니다. 밑단 고무뜨기 부분의 옆라인은 연결하지 않습니다.

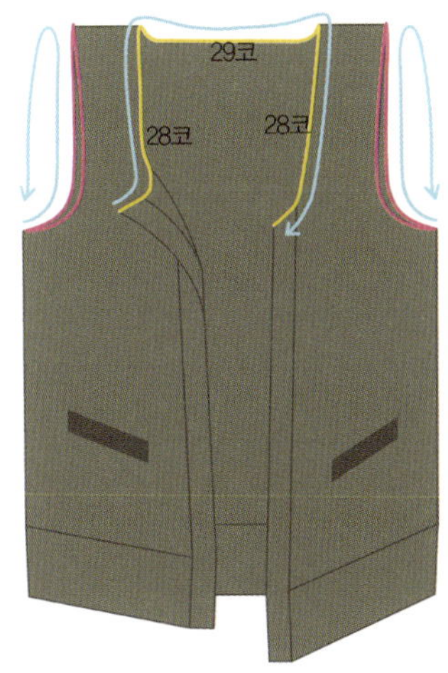

목둘레와 어깨 선 마무리하기

1 목둘레(─)의 코를 줄바늘로 85코(28+29+28) 줍습니다. 1코 고무뜨기로 8단 뜬 후, 코막음으로 마무리합니다.

2 어깨둘레(─)의 코를 줄바늘을 사용하여 80코 주워 원형으로 1코 고무뜨기 8단 뜬 후, 코막음으로 마무리합니다.

코바늘뜨기의 마무리 기초 방법입니다.

❶ 바늘을 두 번째 코에 넣습니다.

❷ 바늘을 실에 겁니다.

❸ 걸린 실과 함께 바늘을 코에서 빼냅니다.

❹ **1~3**을 반복하여 뜹니다.

Q 실 매듭처리는 어떻게 하나요?

A 머플러나 실이 많이 소요되는 편물을 짜면 볼을 여러 개 연결하게 되어 매듭을 지어서 연결할 수밖에 없는데, 이럴 때는 매듭을 짓고 실 끝을 한 3cm 정도 남겨놓고 잘라주세요. 편물을 다 짜고 난 후에 코바늘을 이용해서 3cm 정도 남겨두었던 실 끝을 편물에 요리조리 티 안 나게 잘 숨겨주면 됩니다.

한 가지 더, 뜨다 보면 1개의 볼 안에서도 실이 연결되어 매듭이 지어진 부분이 가끔 보이는데, 이런 매듭을 보면 실 끝이 한 1cm 정도로 너무 짧게 남아 있습니다. 이런 매듭을 그대로 두고 뜨면 편물에서 숨기기 어려워 매듭이 어정쩡하게 보일 수 있으므로, 아예 과감하게 실을 잘라내고 다시 3cm 정도의 실 끝 여유를 두고 매듭을 지어주는 것이 좋습니다.

Q 목도리를 뜨고 싶은데, 실을 얼마만큼 사야 하나요?

A 보통 목도리 길이는 '자신의 키+10~20cm' 정도로 뜹니다. 물론 실의 굵기와 디자인에 따라 차이가 있기는 하지만, 무게로 봤을 때 대략 300~450g 정도면 목도리 1개를 만들 수 있습니다.

모자와 장갑 역시 디자인에 따라 다르지만, 목도리 1개를 만들 때 사용하는 양의 절반 정도로 예상하면 대략 모자 1개를 뜰 수 있습니다. 150~250g 정도 있으면 됩니다.

Q 도안과 설명서대로 떴는데, 크기가 다른 이유가 뭔가요?

A 도안과 설명서는 능숙한 솜씨의 전문가가 뜬 제품을 기준으로 설명한 것입니다. 초보자의 경우 실의 텐션을 조절하는 것이 익숙하지 않고 솜씨가 들쑥날쑥하여 크기가 조금 줄어들 수도 있고 늘어날 수도 있습니다. 이런 부분은 실과 바늘이 손에 익으면 없어지는 현상이니 걱정하지 않아도 됩니다.

이런 오차를 최대한 줄이기 위해 게이지를 냅니다. 초보자의 경우 게이지를 계산하는 것이 어려울 수도 있지만 간단한 원리만 알면 아주 쉽답니다. *게이지에 대한 자세한 내용은 책 21쪽을 참고하세요!

게이지보다 많은 코와 단이 들어가면 쫀쫀하게 뜨고 있는 것이기 때문에 완성된 크기가 작습니다. 반면 제시된 게이지보다 적은 코와 단이 들어갔다면 느슨하게 뜨고 있는 것이기 때문에 완성된 크기는 더 큽니다.

Q. 니트는 손세탁을 어떻게 해야 하나요?

니트를 손세탁할 때는 단독 세탁으로 해주세요. 울샴푸 또는 중성세제를 사용해서 30℃ 정도의 미지근한 물에 조물조물하면서 손세탁을 합니다. 이때 뜨거운 물로 하면 니트가 줄어들므로 주의하세요!

2~3번 헹군 후에 섬유유연제를 푼 물에 30분 정도 담근 다음 물기를 빼줍니다. 이때 탈수기를 그냥 사용하면 안 되고, 수건이나 세탁망에 잘 싸서 탈수기에 약 2~3분 정도 탈수시키거나 아주 약하게 손으로 짜서 물기를 뺍니다.

이제 그늘진 곳에 잘 뉘어서 바닥에 모양을 만들어 천천히 자연건조 시킵니다.

*일부 어두운 색으로 나염이 된 뜨개실에서는 세탁할 때 물빠짐 현상이 있을 수 있으므로 반드시 단독 세탁해야 합니다. 두 번째 세탁부터는 물빠짐이 차츰 없어집니다.

Q. 니트는 어떻게 하면 오래 보관할 수 있나요?

니트 사이에 신문지나 한지를 1장 끼우고 잘 말아서 보관하세요. 옷걸이에 걸어두는 경우에는 니트의 형태가 변할 수 있으니 옷걸이 양 끝에 헝겊을 두껍게 말아 어깨 부분에 변형이 오지 않게 합니다.

Q. 같은 색상의 실인데, 왜 색이 조금 다른 거죠?

같은 곳에서 같은 브랜드의 같은 색상의 실을 사도 조금 다를 수 있어요. 뜨개실의 종이 라벨을 보면 'LOT'라는 표기가 있고 그 옆에 숫자가 있습니다. 이 LOT 숫자는 염색 시의 번호를 나타내는데, 이 LOT의 숫자가 같으면 그 실들은 같은 염료에 동시에 염색이 된 것입니다. 아무리 정확하게 조절하여 염색을 한다고 해도 재염색할 때마다 미세하게 색상이 달라질 수 있습니다. 따라서 LOT 번호가 다르면 색이 조금 다를 수도 있으므로 실을 살 때 필요한 양보다 1~2볼 정도 여유 있게 사는 것이 좋습니다.

Q. 볼/파운드가 뭐죠?

1볼은 보통 브랜드에 따라 다른데, 40g/80g/100g 단위로 감겨 있습니다. 1파운드는 볼을 400g 단위로 1봉에 모아서 판매하는 단위입니다.

예를 들어, '1파운드 주세요' 했을 때 여러분은 실 400g을 사게 되는 경우가 일반적이며, 1볼의 무게에 따라 1파운드에 들어있는 실의 개수가 달라집니다.

40g×10볼=400g(1파운드)

80g×5볼=400g(1파운드)

100g×4볼=400g(1파운드)

친절한 DIY 교과서 No 011

친절한 가죽공예 DIY

국영주, 안우석 지음
395쪽 | 35,000원(동영상 강의 DVD, 실물본 포함)

친절한 DIY 교과서 No 016

친절한 클레이아트 DIY

양영미 지음
229쪽 | 17,800원(동영상 강의 DVD 포함)

친절한 DIY 교과서 No 012

처음부터 다시 배우는 친절한 퀼트 교과서

린다 클레멘츠 지음 | 조진경 옮김 | 최은령 감수
260쪽 | 25,000원

친절한 DIY 교과서 No 201

친절한 DSLR 30일 완성 DIY

김현진 지음
291쪽 | 16,800원

친절한 DIY 교과서 No 013

선물하고 싶은 친절한 퀼트 가방&소품

김윤경 · 송희경 · 안세란 · 이정실 · 정민자 지음
186쪽 | 18,000원(퀼트 가방 동영상 강의 무료 다운로드 포함)

친절한 DIY 교과서 No 202

친절한 페이스북 7일 완성 DIY

이영희 지음
211쪽 | 12,800원

친절한 DIY 교과서 No 014

시리우스 클레이의 행복한 클레이아트 DIY

김주연 지음
203쪽 | 13,800원

친절한 DIY 교과서 No 203

친절한 DSLR Canon EOS 600D 30일 완성

김현진 지음
265쪽 | 18,000원

친절한 DIY 교과서 No 015

친절한 머신퀼트 DIY

최은령 지음
367쪽 | 35,000원(동영상 강의 DVD, 실물본 포함)

친절한 DIY 교과서 No 401

친절한 가베놀이 DIY

최성혜 지음
238쪽 | 17,800원(동영상 DVD 강의 포함)

친절한 DIY 교과서 No 601

300kcal 살 빠지는 도시락

박정아 지음
223쪽 | 13,800원

상위 1%가 즐기는

창의수학 퍼즐 1000

이반 모스코비치 지음 | 이현정 옮김 | 박범익 감수
432쪽 | 25,000원

친절한 World DIY 교과서 001

까또나주 종이상자 DIY

사에키 마키 지음 | 김선영 옮김
96쪽 | 12,000원

상위 1%가 즐기는

똑똑한 두뇌퍼즐

이반 모스코비치 지음 | 이현정 옮김 | 박범익 감수
444쪽 | 15,000원

친절한 World DIY 교과서 002

친절한 재봉틀& 바느질 입문 DIY

미소노 아키코 지음 | 고정아 옮김 | 이영란 감수
139쪽 | 15,000원

1일 1잔 공복 효소주스

후지이 카에 지음 | 유가영 옮김
131쪽 | 12,000원

친절한 World DIY 교과서 003

친절한 옷만들기 입문 DIY

미소노 아키코 지음 | 고정아 옮김
133쪽 | 15,000원

친절한 DIY 교과서 No 017

친절한 코바늘 손뜨개 입문 DIY

니뜨 지음
189쪽 | 16,800원